Cómo Dejar de Pensar Demasiado:

27 Técnicas Poderosas para Aliviar el Estrés. Hacking Mental para Encontrar la Libertad Emocional. Despeja tu Mente y Aprende el Arte de Dejar Ir.

© **Copyright de Robert Clear 2024 - Todos los derechos reservados.**

El contenido de este libro no puede ser reproducido, duplicado ni transmitido sin el permiso escrito directo del autor o del editor.

Bajo ninguna circunstancia se imputará ninguna culpa o responsabilidad legal al editor, o autor, por daños, reparaciones o pérdidas monetarias debido a la información contenida en este libro. Ya sea de forma directa o indirecta.

Aviso Legal:

Este libro está protegido por derechos de autor. Este libro es solo para uso personal. No puedes modificar, distribuir, vender, usar, citar o parafrasear ninguna parte, ni el contenido dentro de este libro, sin el consentimiento del autor o del editor.

Aviso de exención de responsabilidad:

Por favor, tenga en cuenta que la información contenida en este documento es solo para fines educativos y de entretenimiento. Se ha hecho todo lo posible para presentar información precisa, actualizada y confiable, completa. No se declaran ni implican garantías de ningún tipo. Los lectores reconocen que el autor no está ofreciendo asesoramiento legal, financiero, médico o profesional. El contenido de este libro se ha derivado de diversas fuentes. Por favor, consulte a un profesional licenciado antes de intentar cualquier técnica descrita en este libro.

Al leer este documento, el lector acepta que bajo ninguna circunstancia el autor es responsable de cualquier pérdida, directa o indirecta, que se incurra como resultado del uso de la información contenida en este documento, incluyendo, pero no limitado a, — errores, omisiones o inexactitudes.

Tabla de Contenidos

Table of Contents

Introducción 8
Capítulo 1: ¿Qué es el pensamiento excesivo? 10
    Síntomas de pensar en exceso 16
    Tres tipos de sobrepensar 20
Capítulo 2: Ansiedad y Pensamiento Excessivo. 23
    Formas en que la ansiedad provoca el pensamiento excesivo 23
    Resultado de la Ansiedad y el Pensamiento Excessivo 25
    Lo que no es la sobrepensar 27
    Cómo dejar de sobrepensar todo 28
Capítulo 3: Intenta detenerlo antes de que comience. 30
    Creencias Limitantes.. 30
    Estrategias de afrontamiento poco útiles 34
Capítulo 4: Enfoque en la resolución activa de problemas. 39
Capítulo 5: Considera el Peor Escenario. 47
    Qué Hacer Al Considerar El Peor Escenario..................... 49
    Por qué deberías considerar el peor de los escenarios 51
Capítulo 6: Programa tiempo para pensar. 53
Capítulo 7: Piensa Útilmente. 58
Capítulo 8: Establecer plazos para tomar decisiones. 64
Capítulo 9: Considera el panorama general. 70
Capítulo 10: Vive el momento. 75

Capítulo 11: Meditar *81*

    4 Maneras en que la meditación ayuda a detener el pensamiento excesivo 82

    Cómo meditar en 9 pasos sencillos 83

Capítulo 12: Crea una lista de tareas. *87*

Capítulo 13: Abraza la Positividad. *92*

Capítulo 14: Usando Afirmaciones para Aprovechar el Pensamiento Positivo. *97*

    Cómo Utilizar Afirmaciones Positivas 99

    Ejemplos de Afirmaciones 103

Capítulo 15: Conviértete en Orientado a la Acción. *106*

Capítulo 16: Superando tu miedo. *110*

Capítulo 17: Confía en ti mismo. *113*

Capítulo 18: Deja de esperar el momento perfecto. *118*

Capítulo 19: Deja de preparar tu día para el estrés y la sobrepensación. *124*

Capítulo 20: Aceptando Todo lo que Ocurre. *127*

Capítulo 21: Da lo Mejor de Ti y Olvida el Resto. *133*

Capítulo 22: No te presiones para manejarlo. *138*

Capítulo 23: Diario para sacar los pensamientos de tu cabeza. *142*

    Cómo Empezar 142

    Escribiendo en un diario para mejorar tu estado de ánimo .. 144

Capítulo 24: Cambia de canal. *147*

Capítulo 25: Tómate un descanso. *151*

    Pausa para Resultados 152

Capítulo 26: Hacer ejercicio. *155*

Capítulo 28: No seas demasiado duro contigo mismo. .. 165

Capítulo 29: Duerme Mucho y de Buena Calidad. 169

    Beneficios de Dormir 169

    Cómo sacar el máximo provecho de tu sueño 171

Conclusión. 175

Introducción

Pensar en exceso es muy común y debilitante. Puede dificultar que socialices, que tengas un sueño reparador, afectar tu rendimiento en el trabajo e incluso interrumpir unas vacaciones bien planificadas. Cuando el pensar en exceso se vuelve crónico, puede llevar tanto a molestias físicas como mentales. En resumen, pensar en exceso puede dejarte tanto física como mentalmente exhausto. Si así te sientes en este momento, es posible que hayas intentado varias maneras de escapar de una situación tan deprimente sin éxito.

Pero entonces, ¿qué es el trastorno de sobreanálisis? En circunstancias normales, todos nos preocupamos por una cosa u otra, pero cuando tales ansiedades comienzan a absorbernos la vida, entonces se convierte en un problema serio. Aunque no todos sufrirán de tal grado de preocupaciones, algunas personas son más propensas a padecer tales trastornos que otras, especialmente aquellas con un historial de trastorno de ansiedad. Los científicos han descubierto que el sobreanálisis puede activar varias áreas del cerebro que regulan la ansiedad y el miedo.

Pero incluso si nunca has tenido antecedentes de trastorno de ansiedad, aún puedes ser propenso a pensar en exceso, especialmente si asumes la responsabilidad de ser un "solucionador de problemas". Tu mayor fortaleza como pensador analítico puede terminar convirtiéndose en tu mayor enemigo, especialmente cuando quedas atrapado en un lodazal de pensamientos no productivos. Además, los sentimientos de incertidumbre en un alto grado pueden inducir un trastorno de sobrepensamiento. Por ejemplo, si se produjera un cambio significativo, como una pérdida importante, podrías perder el control de tu mente y esta podría girar en una dirección obsesiva no productiva.

Es reconfortante aprender que se puede superar el exceso de pensamiento (y la ansiedad). Hay muchas técnicas efectivas para resolver las ansiedades, sin importar la causa, ya sea el exceso de pensamiento debido a una relación fallida, problemas de salud o cuestiones financieras. Mantente atento, ya que este libro te guiará a través de las técnicas de cómo detener el exceso de pensamiento. Pero primero, este libro comenzará definiendo cada problema y luego discutirá las soluciones más efectivas para cada problema.

Capítulo 1: ¿Qué es el pensamiento excesivo?

Como su nombre indica, pensar en exceso simplemente significa pensar demasiado. En realidad, cuando pasas más tiempo pensando en lugar de actuar y participar en otras actividades, entonces estás pensando en exceso. Puedes encontrarte analizando, comentando y repitiendo los mismos pensamientos una y otra vez, en lugar de tomar acción, entonces estás pensando en exceso. Tales malos hábitos pueden obstaculizar tu progreso, dejándote improductivo.

Cada individuo experimentará la sobrepensación de manera diferente y no hay dos personas que sobrepiensen de la misma manera. Pero en general, todos aquellos que sobrepiensan concordarán en que la calidad de su vida se ha visto afectada por su incapacidad para controlar sus pensamientos y emociones negativas. Tales hábitos dificultan mucho a la mayoría de las personas socializar, ser productivas en el trabajo o disfrutar de pasatiempos debido a la enorme cantidad de tiempo y energía que su mente consume en una línea específica de pensamientos. Tales emociones incontroladas pueden ser muy perjudiciales para la salud mental del individuo.

El exceso de pensamiento dificulta la creación de nuevas amistades y el mantenimiento de las existentes, te resultará difícil conversar con ellas porque estás demasiado preocupado por qué decir o qué hacer para mantener la conversación. Algunas personas que se ven afectadas por este trastorno pueden encontrar difícil participar en conversaciones generales o interactuar con otros incluso en un entorno normal. Además, algunos pueden tener problemas para cumplir con una cita o ir a la tienda. Este tipo de pensamiento desperdicia tiempo y agota tu energía, impidiéndote actuar o explorar nuevas ideas. También obstaculiza el progreso en la vida. Esto se puede comparar con atarse una cadena conectada a un poste alrededor de la cintura y luego correr en círculos; estarás ocupado pero no productivo. El exceso de pensamiento deshabilitará tu capacidad para tomar decisiones acertadas.

Bajo tales circunstancias, es más probable que te sientas preocupado, ansioso y carente de paz interior. Sin embargo, cuando dejas de sobrepensar, te volverás más productivo, feliz y disfrutarás de más paz.

¿Por qué pensamos demasiado?

Hasta ahora, hay dos explicaciones principales para el motivo por el que las personas piensan en exceso:

-
    El cerebro que piensa en exceso y
-

Cultura contemporánea.

El cerebro que sobrepiensa

Nuestro cerebro está diseñado de tal manera que todos nuestros pensamientos están interconectados en redes y nodos. Por ejemplo, los pensamientos sobre el trabajo pueden estar en una red, y los pensamientos sobre la familia en otra.

Hay una fuerte conexión entre nuestras emociones y estados de ánimo. Las actividades o circunstancias que estimulan sentimientos negativos parecen estar conectadas a una red, mientras que aquellas que inducen la felicidad están vinculadas a otra red.

Aunque tal interconexión de sentimiento y pensamiento puede ayudar a las personas a pensar de manera más eficiente, también puede hacer que las personas piensen en exceso.

En general, los estados de ánimo negativos a menudo activan pensamientos y recuerdos negativos, incluso si tales pensamientos no están relacionados. Pensar en exceso mientras se está en un estado de ánimo negativo puede llenar la mente de muchas ideas negativas y cuanto más piensa en exceso una persona, más fácil será para su cerebro inducir asociaciones negativas.

Según investigaciones de expertos en el cerebro, se ha descubierto que el daño (o mal cableado) de ciertas áreas del cerebro puede hacer que una persona sea propensa a la depresión y al exceso de pensamiento.

Tales áreas incluyen la amígdala y el hipocampo, que están involucrados en el aprendizaje y la memoria, y la corteza prefrontal, que ayuda a regular las emociones. Este conocimiento explica en parte por qué algunos individuos piensan en exceso más que otros.

La Generación del Análisis Excesivo. Los informes de los estudios realizados por el autor mostraron que los jóvenes, así como los individuos de mediana edad, piensan en exceso incluso más que los ancianos (aquellos mayores de 65 años).

¿Qué puede ser responsable de esto? Hay 4 posibles tendencias culturales que pueden ser responsables:

- Obsesión por el derecho: Muchos hoy en día tienen un sentido de derecho sobredimensionado. Tienen derecho a ser ricos, exitosos y felices, y como tal, nadie puede impedirles obtener lo que merecen. Así, la mayoría de las personas se preocupan porque no están obteniendo lo que merecen, y tratan de averiguar qué los está deteniendo. Tal actitud de sobrepensar ha convertido a muchos en una bomba de tiempo, lista para explotar a la más mínima provocación.

- El vacío de valores: La mayoría de las personas hoy en día, especialmente los jóvenes, han cuestionado todos los valores que sus padres les transmitieron, como la religión, la cultura y las normas sociales. Por lo tanto, tales personas quedan con pocas opciones y sin valores; una persona así terminará cuestionando cada elección que haga y seguirá preguntándose si tomó la decisión correcta. (Esto también puede llevar al exceso de pensamiento).

- Cultura del ombligo: La cultura moderna y la psicología popular a menudo animan a las personas a ser más expresivas y a desarrollar una mayor autoconciencia. Sin embargo, la mayoría de las personas a menudo llevan esto al extremo, convirtiéndose en excesivamente egocéntricas, sobreanalizan a sí mismas y sus sentimientos. Muchas personas pierden demasiado tiempo "mirando sus ombligos", reflexionando sobre el significado de cada cambio emocional.

- La necesidad compulsiva de soluciones rápidas: El siglo XXI está lleno de personas que tienden a buscar soluciones rápidas, en lugar de tomarse el tiempo para resolver las cosas gradualmente. Por ejemplo, si alguien está triste o angustiado, puede recurrir a alguna forma rápida de escapar, como beber alcohol, comprar, tomar medicamentos recetados, involucrarse en un nuevo deporte o pasatiempo, o en otras actividades. En resumen, las soluciones rápidas solo ofrecen una solución temporal (o incluso una solución incorrecta).

Síntomas de pensar en exceso

Tener una lista bien definida de síntomas de sobrepensar puede ser muy útil. De hecho, la conciencia es tu mejor defensa, te ayudará a saber cuándo estás en la zona de peligro, y no estar alerta es muy peligroso para tu bienestar mental.

Prestar atención a los siguientes síntomas puede ayudarte a llevar a cabo una prueba de trastorno de pensamiento excesivo. Si observas que estás experimentando el trastorno de pensamiento excesivo, es posible que observes uno o más de los siguientes síntomas:

- Cuando no puedes dormir: Intenta con todas tus fuerzas conseguir un descanso decente, pero tu mente no se apagará. Entonces, la agitación y las preocupaciones se instalan.

- Si te automedicas: La investigación sobre el trastorno de sobrepensar ha demostrado que aquellos que lo sufren a menudo recurren a la comida, el alcohol, las drogas o cualquier medio para modular los sentimientos.

- Normalmente estás cansado: El cansancio puede ser resultado del insomnio o de un pensamiento repetido que agota tus fuerzas.

- Quieres tener el control de todo: Intentas planificar todos los aspectos de tu vida hasta el más mínimo detalle. Pero la verdad es que hay un límite a lo que puedes controlar.

- Te obsesionas con el fracaso: El miedo al fracaso te ha convertido en

  un perfeccionista y a menudo imaginas lo mal que saldrán las cosas si no salen bien.

- Temes el futuro: En lugar de estar emocionado por lo que depara el futuro, estás atrapado en tus pensamientos.

- Dudas de tu propio juicio: reconsideras cada decisión que tomas, desde lo que vistes, hasta lo que dices y cómo te relacionas con los demás.

- Tienes dolores de cabeza por tensión: Puedes experimentar dolores de cabeza por tensión crónicos como si tuvieras una banda apretada alrededor de las sienes. Además, también puedes sentir dolor o rigidez en la región del cuello. Todos estos son signos de que necesitas un descanso prolongado.

Si alguno de los signos anteriores ocurre con demasiada frecuencia, los psicólogos dirán que eres un pensador excesivo o un rumiador. Según los psicólogos, pensar en exceso puede afectar el rendimiento, causar ansiedad o incluso llevar a la depresión.

Peligros de ser un persona que piensa demasiado

Si todavía te sientes mal por un error que cometiste hace semanas o estás ansioso por mañana, la realidad es que pensar demasiado en todo puede afectar negativamente tu salud. No poder liberarte de tus preocupaciones te llevará a un estado de angustia persistente.

Es cierto que todos a veces pensamos demasiado en las situaciones. Pero esto es diferente de ser un verdadero pensador excesivo, alguien que lucha por silenciar su constante bombardeo de pensamientos.

Tres peligros de ser un pensador excesivo:

1. **Aumenta tus posibilidades de enfermedad mental:** Según un estudio de 2013 publicado en el Journal of Abnormal Psychology, los

informes muestran que pensar demasiado en tus errores, deficiencias y desafíos puede aumentar tu riesgo de enfermedad mental.

La rumiación es perjudicial para la salud mental y puede sumergir a uno en un ciclo vicioso del que es difícil liberarse y, a medida que tu salud mental se deteriora, tiendes a rumiar más.

1. **Interfiere con la resolución de problemas. Informes de varios investigadores han demostrado que los que la piensan demasiado siempre asumen que al repasar sus problemas en sus mentes, se están ayudando a sí mismos. Pero esto no es cierto en absoluto, más bien, muchos estudios muestran que tales acciones pueden llevar a la parálisis por análisis.**

Cuando analizamos todo en exceso, puede interferir con nuestra capacidad para resolver nuestros problemas. Terminarás desperdiciando tiempo pensando en el problema en lugar de en la posible solución.

También afectará el simple proceso de toma de decisiones, como elegir qué ponerse para el Día de Acción de Gracias o decidir cuándo ir de vacaciones. La parte dolorosa es que sobrepensar no te ayudará a tomar una mejor decisión.

1.
Afecta tu sueño: Como una persona que piensa en exceso, es probable que entiendas este hecho bastante bien. Cada vez que tu mente se niega a apagarse, entonces no habrá sueño esa noche. Los estudios respaldan este hecho, y hay evidencia de que la ansiedad y la rumiación conducirán a menos horas de sueño. Es más probable que pases horas dando vueltas en la cama antes de que finalmente te duermas.

Tomar una siesta más tarde puede no ser de ayuda; la ansiedad y el exceso de pensamiento afectan la calidad del sueño que obtendrás, las posibilidades de caer en un sueño profundo después de haber estado pensando son muy escasas.

Tres tipos de sobrepensar

1. Ranting y rabiando sobrepensar: Este es el tipo más común y a menudo resulta de algún agravio

percibido que se te hizo. Puedes sentir que fuiste tratado injustamente y, como tal, estás obsesionado en exceso con tomar venganza. Aunque puedes tener razón al sentirte ofendido, el sobrepensar te impedirá ver lo bueno en los demás, en cambio, solo los verás como villanos. Tales sentimientos pueden resultar en actos de venganza autodestructivos e impulsivos. Por ejemplo, cuando se es rechazado en una entrevista de trabajo, un sobrepensador puede comenzar a pensar en los evaluadores como sesgados o estúpidos e incluso puede considerar demandar a la empresa por posible discriminación.

2. Sobrepensamiento con vida propia: Este también es otro problema serio de los que sobrepiensan. Un simple estímulo puede llevar a un ciclo continuo de pensamientos negativos viciosos y posibilidades infinitas, cada una más malvada que la anterior. Tomemos, por ejemplo, a un sobrepensador que comienza a preguntarse por qué se siente deprimido y de ahí pasa a pensar en su sobrepeso, por qué no debería mantener amistades cercanas, por qué lo tratan mal en el trabajo y por qué no es amado en casa. Para él, todos estos sentimientos negativos parecen verdaderos, incluso pensamientos imaginarios. Tales sentimientos negativos pueden llevar a malas decisiones, como pelear con su esposa o amigos o incluso renunciar a su trabajo.

3. Pensamiento caótico: Este es un tipo de pensamiento excesivo que se caracteriza por

preocupaciones y inquietudes aleatorias y no relacionadas. Esto puede ser paralizante mental y emocionalmente porque estas personas están confundidas acerca de la verdadera causa de cómo se sienten. Con mayor frecuencia, estos individuos recurren a las drogas o al abuso del alcohol, solo para escapar de sus pensamientos.

Capítulo 2: Ansiedad y Pensamiento Excessivo.

Una de las señales aterradoras de cualquier forma de trastorno de ansiedad es la propensión a sobrepensar todo. La ansiedad y el sobrepensar pueden considerarse socios malvados. Un cerebro ansioso está siempre hipervigilante y en alerta ante cualquier posible peligro. Probablemente alguien te ha acusado alguna vez de siempre crear problemas para ti mismo a partir de asuntos insignificantes. Personalmente, creo que en realidad son problemas. ¿Cómo así? En términos simples, la ansiedad te hace sobrepensar cualquier cosa y todo. Siempre que estamos ansiosos, sobrepensamos las cosas de varias maneras, y el producto de nuestro sobrepensar no suele ser beneficioso. Sin embargo, la ansiedad y el sobrepensar deberían ser temporales y no deberían ser una característica permanente de nuestra existencia.

Formas en que la ansiedad provoca el pensamiento excesivo

El producto final de varios tipos de ansiedad es la sobrepensación de todo. Hay varios términos para describir cómo la ansiedad conduce a la sobrepensación. Es posible que esta lista genérica te ayude a recordar pensamientos acelerados específicos que hayas experimentado o que es probable que estés experimentando, y así, ayudarte a darte cuenta de que hay miles de otras personas enfrentando el mismo problema.

- Estar demasiado preocupado por quiénes somos y cómo nos ven los demás o si estamos a la altura del estándar del mundo (esta es una forma de ansiedad social y de desempeño).

- Obsesionándonos con lo que deberíamos decir/dijimos/deberíamos haber dicho/no deberíamos decir (otra ansiedad social común).

- Pensando en posibles escenarios aterradores como: ¿qué pasaría si algo malo nos sucediera a nosotros, a nuestros seres queridos o incluso al mundo (una forma común de trastorno de ansiedad generalizada)?

- Temoroso, resultados asumidos de nuestros propios pensamientos salvajes, defectos asumidos y sentimientos de incompetencia (todas las formas de trastornos de ansiedad).

- Ansiedad por múltiples pensamientos obsesivos, en su mayoría aterradores, y pensar en ellos continuamente (una forma de trastorno obsesivo-compulsivo).

- Pensar, sobrepensar, pensamientos vagos, una cadena de ansiedad en caída, y pensamientos específicos (todas formas de trastornos de ansiedad).

- Miedo de experimentar ataques de pánico en público y sentirse demasiado asustado para salir de casa debido a esa ansiedad (una forma de trastorno de pánico con/sin agorafobia).

Resultado de la Ansiedad y el Pensamiento Excessivo

Cuando estás ansioso, los pensamientos no solo pasan por tu cabeza y desaparecen, sino que corren a través de tu cerebro de manera continua. Esos pensamientos se pueden comparar con un atleta corriendo en una cinta de correr, sigue corriendo pero no llega a ninguna parte al final, quedando sobrecargado y cansado. Uno de los efectos secundarios del sobreanálisis relacionado con la ansiedad es que es probable que terminemos tanto física como emocionalmente agotados. Tener episodios de los mismos impulsos ansiosos corriendo por nuestra mente definitivamente tendrá consecuencias.

Otro lado oscuro de la ansiedad y el pensamiento excesivo es que tarde o temprano comenzaremos a percibir todo lo que pasa por nuestra mente como una realidad. Quizás creamos que lo que pensamos se convierte en realidad y si lo pensamos constantemente, se vuelve muy real. ¿Verdad? No. Este es uno de los trucos que la ansiedad intenta jugar con nuestras mentes.

Pero la buena noticia es que todos tenemos la capacidad y el poder para detenernos de sentir ansiedad y sobrepensar todo. Aunque este es un proceso que implica múltiples pasos, en este momento, el mejor paso que puedes dar es encontrar algo que te distriga de sobrepensar. En lugar de luchar con tus pensamientos, desvía suavemente tu atención a algo neutral, algo completamente distinto. Al reflexionar sobre algo que no tiene importancia, estarás previniendo indirectamente el sobrepensar todo.

El efecto del "fermento"

Pensar en exceso tiene un "efecto de levadura" en tus pensamientos. Al igual que una masa, tu mente puede amasar pensamientos negativos y, antes de que te des cuenta, crecerá al doble de su tamaño inicial. Por ejemplo, si un cliente está insatisfecho con tus servicios, podrías comenzar a preguntarte si todos los demás clientes también están insatisfechos, sin pensar ni un momento que probablemente la mayoría de los clientes podría estar satisfecho con tus servicios. Si no se tiene cuidado, con el tiempo, podrías llegar a la desalentadora conclusión de que tus servicios no son lo suficientemente buenos. Tus pensamientos pueden incluso llevarte de regreso a tu matrimonio y podrías comenzar a preguntarte si tu pareja está satisfecha contigo o si eres lo suficientemente bueno para ella o no. Piensas en lo perfecta que es, en cómo maneja todo de manera impresionante, y concluyes que eres totalmente indigno de ella.

El efecto de la "lente distorsionada"

Otro efecto del exceso de pensamiento es lo que se llama el efecto de la "lente distorsionada" y lo que esto significa es que tus pensamientos solo se enfocan y magnifican tus fallos o tu lado malo y lo que tus pensamientos ven es solo desesperanza. Por ejemplo, cuando tu hijo vuelve a casa de la escuela con una mala calificación o se mete en una pelea, puedes preocuparte de que está creciendo mal. Antes de mucho tiempo, comenzarás a verte a ti mismo como un mal padre y que más adelante en el futuro, tus hijos acabarán convirtiéndose en malos adultos.

Lo que no es la sobrepensar

Preocuparse es bastante diferente de pensar en exceso. Las personas a menudo se preocupan por cosas que pueden o podrían suceder o posiblemente salir mal. Los que piensan en exceso, sin embargo, hacen más que simplemente preocuparse por el presente, también se preocupan por el pasado y el futuro. Mientras que los preocupados piensan que cosas malas podrían suceder; los que piensan en exceso piensan hacia atrás y están muy convencidos de que algo malo ya ha sucedido.

Las personas con trastorno obsesivo-compulsivo (TOC) también son diferentes del exceso de pensamiento. Aquellos con TOC están obsesionados en exceso por todo o por cada factor externo, como la suciedad o los gérmenes, por lo que sienten que tienen que lavarse las manos repetidamente para mantenerse saludables. Tales personas se obsesionan con acciones muy específicas y otros asuntos que parecen triviales o absurdos para el resto del mundo, como "¿Cerré la puerta?"

En conclusión, pensar en exceso definitivamente no es "pensamiento profundo". Mientras que es saludable estar en sintonía con los propios sentimientos para examinar las propias acciones; pensar en exceso, por otro lado, es poco saludable.

Cómo dejar de sobrepensar todo

Ya sea que no hayas comprado un coche nuevo en los últimos 5 años porque no has encontrado el perfecto o no has sido productivo porque cada elección que haces consume tanto tiempo, pensar en exceso puede retrasar tu progreso.

Con gusto, puedes superar el pensamiento excesivo y volverte más productivo. En los próximos 27 capítulos, hay diferentes pasos que han sido desglosados para ayudarte a dejar de pensar demasiado en todo. Al aplicar nuevas técnicas y aprender nuevas habilidades, podrás tomar decisiones buenas y oportunas con poco o ningún estrés.

Capítulo 3: Intenta detenerlo antes de que comience.

Encárgate de tus pensamientos antes de saltar al oscuro pozo del exceso de pensamiento, es imperativo que primero aclares sobre qué estás realmente sobrepensando y también reflexiones sobre las formas negativas en que el exceso de pensamiento está afectando tu vida. Tal claridad ayudará a mejorar tu determinación para luchar contra la tendencia de sobrepensar.

Creencias Limitantes

Lo primero que necesitas hacer es elegir las preguntas de "¿qué pasaría si?" que probablemente te harás. Tales preguntas son automáticamente estimulantes del exceso de pensamiento.

Pregúntate:

- ¿Cuáles son las preguntas comunes de "¿qué pasaría si?" que generalmente me hago?

- ¿Qué circunstancias o situaciones suelen desencadenar estas preguntas?

Puede ser que estés sobrepensando porque a menudo haces las preguntas equivocadas. Más a menudo, en lugar de buscar soluciones al problema, estás ocupado pintando escenarios de "qué pasaría si" en tu mente, preguntándote sobre todas las posibles cosas negativas que pueden ocurrir.

Así que, toma una respiración profunda y trata de identificar todas las preguntas de "qué pasaría si" que a menudo te haces. Además, intenta detectar circunstancias específicas que probablemente desencadenen tales preguntas.

El siguiente paso es profundizar en cualquier creencia limitante que puedas tener y tratar de obtener una mejor comprensión de algunos de los efectos que tales pensamientos tienen sobre tus preocupaciones.

Pregúntate:

- ¿Cuáles son mis "pensamientos" sobre pensar en exceso?

- ¿Cómo afectan tales creencias las elecciones y decisiones que tomo?

- ¿Tienen tales pensamientos alguna ventaja?

- ¿Cuáles son los efectos secundarios a largo plazo de tales creencias?

Cuando estás sobrepensando algo, es una clara evidencia de que te aferras a un cierto conjunto de creencias que está afectando cómo piensas y cómo respondes en esa situación. Para enfrentar la realidad, te aferras a tales creencias porque sientes que te son ventajosas. Probablemente, sientes que son ventajosas porque te dan una sensación de control sobre ciertas circunstancias o áreas específicas de tu vida. Pero, lamentablemente, tales creencias te están hiriendo porque te impiden enfrentar las principales razones por las cuales estás sobrepensando, y ese es un problema serio en sí mismo.

La mejor manera de conquistar tus creencias limitantes es desafiarlas de frente. A continuación se presentan algunos ejemplos de ciertas preguntas que puedes hacerte:

- ¿Por qué creo que no puedo controlar el pensar en exceso?

- ¿Por qué creo que reflexionar en exceso es beneficioso?

- ¿Hay alguna evidencia que respalde tales pensamientos?

- ¿Es la evidencia creíble y confiable?

-

- ¿Es posible que pueda ver esta situación desde otro ángulo?

- ¿Tengo alguna evidencia que contradiga mis creencias sobre esto?

- ¿Qué me dicen estos sobre mi mal hábito de pensar en exceso?

Si dedicas más tiempo a cuestionar diligentemente tus creencias limitantes sobre el sobrepensar, descubrirás que tal pensamiento profundo es beneficioso, ya que detectarás más fallos y todo esto te facilitará abandonar tales creencias y, por lo tanto, fortalecer tu determinación para seguir buscando soluciones a tus problemas.

Todos los pensamientos que conducen a la sobrepensación son simplemente problemas que necesitas resolver. Pero, si estás constantemente nadando en una piscina de preocupaciones incontrolables, nunca podrás resolver tus problemas.

Estrategias de afrontamiento poco útiles

En este punto, tómate un momento para reflexionar sobre algunas de las estrategias que utilizas regularmente para hacer frente a tus pensamientos entonces,

Pregúntate:

- ¿Cuáles son las estrategias que empleo para lidiar con mis pensamientos?

- ¿Qué debo hacer para evitar mis preocupaciones?

- ¿Cuáles son algunas estrategias que he intentado para controlar mis pensamientos?

- ¿Suelo suprimir mis pensamientos? Si es así, ¿cómo?

- ¿A menudo intento distraerme de mis preocupaciones? Si es así, ¿de qué maneras específicas?

- ¿Cómo suelo manejar mis preocupaciones?

-

- ¿De qué maneras específicas me ayudan todas estas estrategias de afrontamiento?

- ¿Cómo me perjudican estas estrategias de afrontamiento?

- ¿Cuáles son algunas mejores maneras de manejar mis preocupaciones?

Ganar claridad sobre las estrategias comunes que utilizas regularmente para manejar tus preocupaciones te ayudará a obtener retroalimentación valiosa que podrás utilizar de manera efectiva para controlar tus preocupaciones en el futuro.

Prepárate para entrenar tu cerebro para establecer una relación saludable con tus pensamientos.

Tus pensamientos son definitivamente diferentes de la realidad. Sin embargo, tus pensamientos pueden tener un fuerte impacto en ti en la vida real, dependiendo de cómo los veas.

Descarta el dicho de que eres tus pensamientos. Más bien, busca maneras de establecer una conexión con tus pensamientos y de mantener una relación saludable con ellos.

Si observas que un pensamiento en particular sigue apareciendo en tu mente, puedes hacerte estas preguntas:

- ¿Percibo este pensamiento como solo un constructo mental o creo que es la realidad?

- ¿Me mantienen esos pensamientos despierto toda la noche, o simplemente los dejo ir?

- ¿Acepto los pensamientos tal como vienen o intento cambiarlos?

- ¿Estoy abierto a otros pensamientos o simplemente me encierro de ellos?

- ¿Qué pensamientos despierta en mí este pensamiento?

Después de plantear tales preguntas, espera a que las respuestas surjan— aunque las respuestas pueden no ser obvias al principio, plantear tales preguntas es muy importante. Gradualmente, podrás relacionarte con tus pensamientos.

Puedes simplemente preguntar: "¿Pero es esto verdad?"

El mejor tipo de relación que puedes establecer con tus pensamientos es una que esté llena de aceptación y, a la vez, con una medida de distancia saludable. Lo que esto significa es que estás abierto a cualquier pensamiento y no intentas actuar como si no existieran; sin embargo, también puedes intentar, tanto como sea posible, no dejar que te depriman.

Por ejemplo, si tuviste una mala experiencia con un mal cajero, puedes comenzar a pensar que las cosas podrían ser mejores si solo hubieras ido a otra caja, pero no necesitas creer en tales interpretaciones mentales porque son meras suposiciones y no la realidad definitiva. ¿Cuáles son las posibilidades? Probablemente esta persona en particular es un maravilloso cajero que simplemente está teniendo un mal día y tal vez si hubieras elegido la otra fila aún estarías en la cola. Tales pensamientos te mantienen abierto a posibilidades.

Cuando te halagas a ti mismo o reconoces que te sientes bien por lo que hiciste, tiendes a disfrutar de esos sentimientos. Por ejemplo, cuando te dices: "¡Bien hecho, yo! ¡Llevé al equipo hasta la cima!" Sin embargo, esto no significa que tu rendimiento en el siguiente juego será el mismo. Tampoco te convierte en una "mejor persona" porque tu autoestima no está ligada a cuán bien puedes liderar un equipo.

Siempre desafía tus pensamientos. Aprende a identificar y detener cualquier pensamiento adicional.

Capítulo 4: Enfoque en la resolución activa de problemas.

Las formas activas de resolver problemas son una de las habilidades más valiosas que necesitamos pero rara vez pensamos en ellas en nuestras ocupadas vidas diarias. Más bien, a menudo enfocamos nuestra atención en tratar de abordar las diversas emociones difíciles que enfrentamos. Es cierto que también necesitamos habilidades de afrontamiento para limitar el pensamiento excesivo, pero también es igualmente importante que nos armemos con habilidades que podamos usar para gestionar o hacer frente a los problemas que causan el pensamiento excesivo. Este es el papel que desempeñan las habilidades activas de resolución de problemas.

Necesitamos entender que hay ciertas circunstancias que están más allá de nuestro poder y que no podemos cambiar. Por lo tanto, pensar demasiado en este tipo de circunstancias no tiene beneficio. Sin embargo, no tienes que dejar de buscar maneras de resolver otros problemas simplemente porque no puedes ver una solución obvia.

Necesitamos entender la diferencia entre las habilidades productivas para resolver problemas y la sobre reflexión. Algunas de las características de la sobre reflexión incluyen las siguientes:

- Te hace repetir los mismos pensamientos una y otra vez.

- Te hace seguir buscando "soluciones" a problemas que sabes que no tienes el poder de cambiar.

- Te hace centrar tu atención en cambiar cosas que ya sucedieron en el pasado.

Sin embargo, las habilidades para resolver problemas tienen las siguientes características:

- No te hace pensar en la misma cosa una y otra vez.

- Termina produciendo soluciones alternativas, la mayoría de las cuales están dentro de tu capacidad para ejecutar.

- Te hace sentir positivo y sentir que estás logrando algo valioso incluso antes de alcanzar una solución.

¿Qué es la resolución activa de problemas?

A menudo es más efectivo y beneficioso centrarse en intentar resolver el problema presente que en tratar de controlar cómo te sientes al respecto. Enfrentar tus problemas de frente te ayudará a tener el control de tu vida con menos estrés. Este proceso de manejar problemas se conoce como resolución activa de problemas. Se centra en hacer esfuerzos activos para resolver el problema desde la raíz, en lugar de pasar por alto el problema.

Sin embargo, este proceso no es tan fácil como parece. Enfrentar nuestros problemas directamente puede ser muy difícil a veces. Esto se debe a que tienes que confrontar tus miedos, abordar conflictos o, en ocasiones, salir de tu zona de confort hasta que el problema se resuelva. Pero la solución activa de problemas en realidad tiene beneficios a largo plazo porque ayuda a reducir la incomodidad futura, ya que el problema ya no perturba tu mente.

Preguntas para hacerse a sí mismo

Hay varias razones por las que necesitas hacerte estas preguntas. Puede ser que tengas dudas sobre los movimientos empresariales que planeas realizar, o que estés enfrentando algunos desafíos en tu relación; encontrar respuestas a estas preguntas te ayudará a saber si eres del tipo que sobrepiensa o del tipo que resuelve problemas.

- ¿Siempre me enfoco en el problema o busco una solución? Considerar diversas formas de salir de deudas puede ser útil. Pero centrar tu atención o preocuparte por lo que sucederá si eventualmente te quedas sin hogar debido a tu situación financiera no es el camino a seguir.

- ¿Hay una solución para este problema? Es bueno aceptar el hecho de que no todos los problemas se pueden resolver. Por ejemplo, un ser querido con una enfermedad terminal, o un error que ya cometiste en el pasado no se puede deshacer. Sin embargo, aún puedes controlar cómo respondes a tales situaciones. La resolución de problemas puede implicar aprender a sanar tus emociones o un procedimiento de solución del problema en sí. Pero pensar en exceso, por otro lado, implica volver a repasar cosas que ya sucedieron o desear que las cosas fueran diferentes.

- ¿Qué lograré al pensar en esto? Suponiendo que estés revisando un evento pasado para obtener una nueva perspectiva o aprender de él, esto podría ser útil. Pero si lo único que estás haciendo es reproducir tus errores, reciclar una conversación pasada o simplemente imaginar todas las cosas que podrían salir mal, entonces estás pensando en exceso.

¿Cuándo es efectivo el problema-solución activa?

En la vida, hay algunas situaciones que no podemos controlar. En este tipo de situación, ningún plan de resolución activa de problemas puede cambiar las cosas. Todo lo que tenemos que hacer es soportar y luego seguir adelante.

No puedes resolver un problema sobre el que no tienes control. La mayoría de estos problemas tienen que ver con las decisiones de otras personas. Por ejemplo, tu hermana acaba de tomar la decisión de casarse con su amante de mucho tiempo y tú, por otro lado, estás en contra de la decisión. Ahora, la decisión no es tuya para tomar, así que no puedes controlar la situación. Por lo tanto, no puedes resolverlo.

Mirando otro escenario, donde la calefacción de tu casa no funciona y eso ha causado un problema entre tú y tu arrendador. Esta situación puede resolverse mediante una solución activa de problemas, ya que está bajo tu control, o puedes decidir soportar la casa fría utilizando habilidades enfocadas en la emoción.

Cómo utilizar la resolución activa de problemas

Evalúa la situación Ciertas cosas nos afectan diariamente; algunas personas se obsesionan tanto con ellas que les roba su alegría y felicidad. Cuando nos encontramos con problemas como estos, primero debemos evaluar la situación. Antes de enfrentar cualquier problema, tendrás que valorar el problema en cuestión. Considera si puedes controlar el resultado de los eventos, si el problema se puede resolver o soportar. Si se puede resolver, ¿cómo puedes hacerlo? Tomar en cuenta todo esto te ayudará a manejar mejor situaciones o problemas.

Determine el curso de acción más efectivo. Después de la primera etapa, donde evalúas la situación y te das cuenta de que se puede resolver. La siguiente etapa es elegir la medida más apropiada para abordar el problema.

Tomando la ilustración del problema del propietario y el inquilino mencionado anteriormente, hay diferentes maneras de resolver ese problema. Una forma de abordarlo es gritarle al propietario y asegurarte de que su vida sea un infierno hasta que repare la calefacción. La otra opción puede ser escribir una carta a tu propietario, explicando el problema que estás enfrentando con la calefacción, y luego documentar una copia para ti mismo. Sin embargo, esto debería hacerse en función de los derechos del inquilino en tu provincia. Ahora, hay dos opciones que pueden solucionar el problema, pero, ¿cuál es la más apropiada?

La primera opción puede parecer más fácil y rápida, pero piensa en las consecuencias. Ningún propietario estará contento con tal reacción y esto puede crear más problemas para ti. Sin embargo, la última es el curso de acción más efectivo.

Puede ser difícil tomar decisiones solo, especialmente cuando hay emociones de por medio. Por lo tanto, busca el consejo de buenos amigos o terapeutas que puedan ayudarte a ver mejores opciones.

Convierte el pensamiento excesivo en resolución de problemas. ¿Cuál es la necesidad de pensar en exceso cuando puedes resolver el problema? Pensar en exceso no te hace bien, más bien consume la energía que habrías utilizado para resolver el problema y lograr un propósito. Sé muy consciente de detenerte cada vez que te veas obligado a pensar en exceso. Por lo tanto, en lugar de desperdiciar tu tiempo y energía preocupándote, úsalo para resolver problemas activamente. Esto no solo te dará paz mental, sino que también podrás deshacerte de algunos problemas.

Conoce la diferencia entre resolver problemas y preocuparse.

Capítulo 5: Considera el Peor Escenario.

Parece un poco poco práctico, ¿verdad? Cuando estás totalmente asustado y abrumado por el estrés, una cosa que no querrás hacer es pensar en el peor escenario posible. ¿Verdad?

Nuestra mente nos cuenta historias convincentes. Nuestros pensamientos son lo suficientemente poderosos como para decidir lo que hacemos o no hacemos. Un método para controlar el exceso de pensamiento es imaginar el peor escenario posible.

Si estás pensando demasiado, habrá un aumento en tu esfuerzo mental y esto influirá negativamente en tu rendimiento. Hacer planes para una situación difícil asegura que estés preparado para cualquier sensación horrible durante el transcurso del evento, así que te estás preparando para maximizar todo tu potencial.

Para redirigir tus pensamientos hacia unos más positivos, aquí hay tres afirmaciones personales cortas. Al usar una o más de ellas, puedes lograr la calma y continuar.

"Actualmente no está sucediendo." Claro, definitivamente es probable que un evento desafortunado pueda ocurrir, pero actualmente no está sucediendo. Esta afirmación puede ayudarte a darte cuenta de que, en este momento, estás a salvo.

"Sea lo que sea, puedo manejarlo." Esta frase te hace consciente de tus recursos internos y te motiva a superar los problemas de la vida. Esta idea proviene de la tradición de la Terapia Cognitivo-Conductual.

"Soy responsable de mis problemas. ¿Puedo ponerle fin? La primera parte de esta frase se origina en las Cuatro Nobles Verdades del budismo. Algunas veces, me digo a mí mismo "¡Soy responsable de mis problemas! ¡De nuevo!!" Uso esta frase tan a menudo que ahora la he abreviado a "responsable de mis propios problemas." Esto me ayuda a ahorrar tiempo.

La segunda parte de la frase, "¿Puedo ponerle fin?", tiene su origen en estudios motivacionales que aconsejan que es más probable que te sientas animado al hacerte una pregunta, en lugar de decir: "Puedo ponerle fin a esto", o en un tono de juicio - "Evita causar más problemas para ti mismo" esto solo crea problemas adicionales. La simple pregunta, "¿Puedo ponerle fin a esto?" te hace consciente de que depende de ti tomar esa decisión. Definitivamente, si realmente hay un evento desafortunado que podría ocurrir, quizás una muerte en la familia, un divorcio o un desastre natural, lo ideal será preguntarte: "¿Cuál es la mejor manera de prepararme en caso de que esto ocurra alguna vez?". Hacer preparativos para tu plan de acción puede ser un alivio para la preocupación.

Si eres responsable de tus propios problemas al hacerte preguntas del tipo "¿y si...?", admite estos pensamientos, consuélate con una de esas afirmaciones mencionadas anteriormente y luego sigue adelante. Si descubres que tus pensamientos divagan hacia tus pensamientos trágicos favoritos, no te desanimes. Hacer cambios en tus hábitos de pensamiento puede ser difícil y se esperan lapsos. En realidad, controlar los pensamientos trágicos es un proyecto que puede durar toda la vida. Sin embargo, las autoafirmaciones positivas pueden ayudarte a superar los "¿y si...?" muy rápidamente, para que puedas concentrar tus pensamientos en las cosas que son importantes para ti.

Qué Hacer Al Considerar El Peor Escenario

Dado que soy un verdadero hijo de mi madre, pensar en el peor escenario posible me resulta natural. ¿Cómo podemos prevenir esto, dado que ese tipo de pensamiento está arraigado en nuestro ADN?

Así que...

- Ten en cuenta que tu peor momento es solo tu peor momento. Lo que consideras como tu peor posible escenario se basa exclusivamente en tus experiencias y conocimientos personales. Hablando con estricta precisión, siempre hay alguien que enfrenta una situación más terrible. Así que, tu peor momento podría no ser incluso el peor posible.

- Sepa que no sabe lo peor. No crea que sabe lo peor. Hace mucho tiempo, mi madre me dijo que ella creó el peor escenario posible que puede ocurrir. Y como le dije a mi madre, es difícil imaginar TODAS las posibilidades. Deje de intentar, simplemente es imposible.

- Reorienta tu energía. Puede ser muy agotador imaginar todos los peores escenarios posibles. Si gastas tanta energía pensando, no queda energía para actuar. Así que canaliza tu energía de "¿Qué pasaría si?" en concentrarte en tomar medidas.

- Acepta lo peor. Lo peor puede ocurrir y puede ser terriblemente horrible. No estás aprendiendo si no estás herido. Así que si el peor escenario se presenta, acéptalo y aprende de ello.

Por qué deberías considerar el peor de los escenarios

A veces, cuando llegamos a la raíz de nuestro miedo más profundo, nos damos cuenta de que no es tan aterrador. Si te ves obligado a ser innovador, tu sufrimiento puede dar resultados positivos, crear una solución y ayudar a superar tus desafíos.

Hay algunas razones por las cuales esto es efectivo para muchas personas:

- Te permite volver al momento presente. La mayoría de las veces, cuando nos sentimos asustados, es porque permitimos que nuestro cerebro divague con todos los escenarios posibles. Pensar en la peor posibilidad y aceptarla ayuda a traerte de vuelta al momento presente.

- Crea el espacio necesario para evaluar tus pensamientos y sopesar las posibilidades. Cuando evaluamos esas cosas que son muy importantes para nosotros, podemos proporcionar una explicación para el miedo preguntándonos: "¿Cuáles son las posibilidades de que esta cosa que me asusta realmente suceda?" También puedes evaluar tus pensamientos a fondo con algunas preguntas básicas.

- Finalmente, te permite procesar, convencido de que incluso si se presenta lo peor, aún estarás bien. Para muchos "si", simplemente queremos saber que el siguiente paso que tomemos no nos llevará a las partes más oscuras de la Tierra. Cuando evaluamos la peor posibilidad, dar ese siguiente paso será más fácil.

Eventualmente, todos estamos haciendo intentos para garantizar nuestra seguridad y nuestra respuesta fisiológica al estrés es una herramienta excelente. Sin embargo, es importante evaluar el estrés para asegurarse de que la peor posibilidad sea realmente la peor y la mejor manera de enfrentar los problemas es idear soluciones.

Aprende a moverte de acuerdo con el flujo, entrégate al viento, gírate hacia un lado y toma el control.

Capítulo 6: Programa tiempo para pensar.

Pensar y repensar son dos cosas diferentes. Pensar es el proceso de considerar ideas, acciones y cosas similares. Es un proceso de examinar y reflexionar sobre posibles reacciones, acciones o ideas. Este acto es muy importante y esencial antes de tomar decisiones. Puede que no sea tan fácil controlar cómo, cuándo y en qué pensar, pero esto es muy alcanzable a través de la práctica constante. La práctica siempre llevará a la perfección.

Tan importante como es pensar, todavía debemos estar en control de sobre qué pensamos, cuándo pensamos y con qué frecuencia lo hacemos. Dejar que nuestras mentes elijan nuestros momentos de pensamiento podría no ser tan saludable, ya que estaríamos pensando al azar. Una forma de prevenir esto es programar nuestro tiempo de pensamiento para un período más cómodo y atenernos a ello.

El proceso de pensamiento es más adecuado durante el día que por la noche. Esto se debe a que nuestras mentes necesitan descanso, y el momento perfecto para descansar la mente es por la noche, mientras dormimos. Por lo tanto, en lugar de mantener la mente ocupada por la noche, utilízala durante el día para pensar y resolver ciertos problemas. Esto te ayudará a tener un descanso perfecto por la noche. Sin embargo, cuando se trata de fantasear sobre algo, el momento más adecuado para hacerlo es por la noche y no durante las horas de trabajo cuando necesitas concentrarte.

El exceso de pensamiento es un hábito que se forma con el tiempo y cambiarlo puede llevar un tiempo. Es un proceso multifacético que requiere mucho más que simplemente decir palabras de determinación. Tienes que estar decidido en tus acciones y programar tiempo de pensamiento es una de esas acciones que puedes tomar.

Los pasos de "Programar Tiempo de Pensamiento".

Programar tiempo de reflexión puede parecer muy abstracto para los principiantes, pero mejora con la consistencia. Hay pasos involucrados en hacer esto. A continuación se presentan los pasos o pautas que necesitas seguir. No importa cuán tontos parezcan los siguientes pasos, no detengas el ejercicio.

1.   Selecciona un proceso de reflexión que se ajuste a tus preferencias. Hay muchas maneras en las que podemos reflexionar sobre las cosas, algunas de estas maneras son: tener un diario, hablar con alguien en quien confíes, dar un paseo, y muchas más. Si una forma no parece alcanzable, entonces prueba otra, pero tómate un tiempo para meditar. Cuando tenemos problemas, no deberíamos ignorarlos con conversaciones incesantes sobre deportes, noticias y

moda. Hablar sobre estas cosas no es malo, pero cuando ocupan nuestro tiempo de reflexión, se convierte en un problema.

2. Programa tiempo de reflexión cada día durante una semana. Forma el hábito de pensar a la misma hora todos los días durante al menos una semana. Para empezar, puede ser un mínimo de 15 minutos, generalmente en las horas de la mañana o durante el día. Tu tiempo de reflexión no debe ser por la noche justo cuando estás a punto de dormir. Esto se debe a que te mantendrá despierto y no obtendrás el sueño suficiente que requiere el cuerpo.

3. Comienza con poco. Como principiante, no tienes que obligarte a tener una hora de reflexión si no puedes mantenerla. Programar tiempo de reflexión es un proceso. Es una cosa programar el tiempo de reflexión, y otra cosa es cumplirlo. Por lo tanto, comienza con poco, puede ser 10 minutos o menos, siempre y cuando puedas cumplir con el tiempo.

4. No planifiques sobre qué vas a pensar. Deja que esta cita contigo mismo sea totalmente no planeada. No reserves la cosa exacta sobre la que vas a pensar y no programes tu tiempo para que caiga en los días o períodos en los que tienes mucho trabajo por hacer. No debería haber una agenda para esta reunión, déjala ser un tiempo de sorpresa para ti y tus pensamientos.

5. Durante esa ventana de 15-30 minutos, anota todos los pensamientos que tengas. Antes de tu tiempo

de reflexión cada día, determina que no te preocuparás ni sobrepensarás sobre los pensamientos que estás a punto de tener, hasta la próxima sesión de reflexión. Esto te ayudará a mantener tus pensamientos bajo control incluso después del tiempo de reflexión.

A veces, podríamos no saber qué nos está molestando, pero con este paso, estas cosas se revelarán. Se aconseja que durante nuestras horas de reflexión, intentemos anotar los pensamientos que tuvimos. Esto ayudará a darnos una visión más clara de lo que nos molesta y de lo que no. Antes de que finalice tu tiempo de reflexión, si tu mente te lleva a las posibles soluciones a tus problemas, entonces está bien, pero si no, no pienses en el problema fuera de tu ventana de reflexión.

6.   Entre los tiempos de reflexión. No pienses en tus pensamientos durante el último tiempo de reflexión hasta el siguiente. Esto significa que no debes preocuparte por tus problemas o las soluciones a ellos fuera de tu tiempo de reflexión. Esto no es tan fácil como parece, necesitarás acciones deliberadas para evitar preocuparte por ciertos asuntos al azar. Determina firmemente dentro de ti preocuparte por tus problemas solo durante tu tiempo de reflexión programado.

7.   Al final de la semana, tómate unos minutos para mirar lo que escribiste a lo largo de esa semana. Al final de cada semana, dedica tiempo a revisar tus pensamientos durante la semana. Presta atención a los

pensamientos recurrentes, los pensamientos que dejaron de aparecer después de un tiempo, los que siguieron apareciendo, los cambios en tus pensamientos y cada detalle de tus patrones de pensamiento. Medita sobre estos descubrimientos ya que te ayudará a seleccionar los primeros diez de tu lista.

8. Haciendo esto durante una semana, considera intentarlo por otra. Recuerda que la práctica hace al maestro, un hábito no se forma en un día, pero la consistencia lo hace posible. Practica los pasos anteriores con más frecuencia y te darás cuenta con el tiempo de que tienes el control de tus pensamientos, dónde, cuándo y con qué frecuencia piensas.

El proceso de pensamiento es muy esencial, como se mencionó anteriormente; es una de las medidas activas para resolver problemas. Es una de las formas de enfrentar las incertidumbres de la vida. Esta vida está llena de riesgos, no podemos predecir qué sucederá en los próximos 30 minutos y esto ha llevado a muchas personas a preocuparse por cada pequeño detalle. Sin embargo, en lugar de entregarte a todas las causas de preocupación en la vida, puedes pensar en aquellas que puedes resolver y soltar las que no puedes.

Entrena tu mente para mantener la calma y la paz en situaciones.

Capítulo 7: Piensa Útilmente.

La mayoría de nosotros somos propensos a sobrepensar situaciones sobre las que realmente no podemos hacer nada. Para ser honesto, es totalmente inútil seguir pensando en estas cosas. Te recomendaría encarecidamente que comiences a pensar de manera efectiva.

Por ejemplo, has estado esperando una promoción en el trabajo. Tienes que recordar que conseguir esa promoción está TOTALMENTE en manos de tu empleador, sin importar qué calificaciones adicionales añadas a tu currículum. Pensar de manera inútil, en este caso, es una pérdida de tiempo y energía mental preguntándote si te promocionará o no.

Por el contrario, tu pensamiento debería estar centrado en lo que necesitas hacer para calificar para una promoción. Es posible que necesites mejorar tus habilidades, obtener otro certificado, o incluso mostrar más dedicación a tu trabajo. ¡Cualquiera que sea el caso, piensa en producir resultados, no en lamentarte!

Estoy de acuerdo en que no es fácil romper algunos hábitos de pensamiento, pero liberarte de estos patrones puede desbloquear la ingeniosidad en ti y aquí tengo varias maneras de ayudarte a liberar tu mente de estos patrones de pensamiento.

Prueba teorías. Hay suposiciones esenciales para cada nuevo caso. Debes probar estas teorías en una variedad más amplia de oportunidades y perspectivas.

Presumes que no puedes permitirte comprar una casa o incluso hacer un depósito, así que no compras la casa basándote en esta presunción. Prueba esa teoría evaluando tus activos para ver si su valor puede conseguirte esa casa a cambio. Quiero decir, puede que no tengas el dinero en efectivo o en tu cuenta, pero no tomes una acción tan grande basada en una presunción.

Pregúntate qué puedes hacer para conseguir el dinero y tal vez no se vea tan imposible.

Parafrasea el problema. Te puedes sorprender al descubrir que te vuelves innovador cuando lo dices de manera diferente. Solo puedes lograr esto con una mente abierta y mirando el asunto desde diferentes perspectivas. Trata de verlo desde afuera, sin sentimientos, para que puedas abordar el problema lógicamente. Pregúntate todas las preguntas difíciles pero importantes y será más fácil idear nuevos planes para resolver los problemas.

A mediados de los años 50, las empresas que poseían envíos perdieron su carga en los vagones. A pesar de que luego intentaron enfocarse en una construcción y desarrollo más rápidos, y en barcos más eficaces, aún no pudieron solucionar los problemas. Pronto, un especialista cambió la descripción del problema, hablándolo de una manera completamente distinta.

Sugirió que evaluar las formas en que la industria puede comenzar a disminuir los costos debería ser el nuevo dilema. Esta nueva dirección de enfoque abrió puertas a nuevas estrategias. Cada área, sin excluir los envíos y el almacenamiento, fue deliberada. Eventualmente, el resultado de este nuevo enfoque fue lo que se llama un buque portacontenedores y un vagón/caja de rodaje.

Transforma tus pensamientos. Cuando te sientas atrapado y no puedas resolver un problema, intenta invertirlo o hacer un cambio drástico. Tómalo desde el otro extremo. Considera cómo crear el problema y agravar la situación, en lugar de reflexionar sobre cómo puedes solucionarlo. Esta estrategia de reversión generará ideas novedosas sobre cómo abordar el caso. Cuando luego pongas el asunto en su lugar, podrías obtener claridad.

Usa diversas formas de comunicarte. No siempre tenemos que usar nuestro medio verbal lógico frente a un problema, que es algo bastante típico de nosotros. Somos demasiado inteligentes para limitar nuestras capacidades de razonamiento. Usa otros métodos para articular los temas. En este punto, no te preocupes demasiado por resolver el asunto. Solo articula. Varias personas con diversos medios de articulación pueden proponer muchos nuevos patrones de pensamiento para generar nuevas ideas.

Conecta los puntos. Parece que la mayoría de las ideas más efectivas nunca son planeadas, simplemente suceden. Puede ser algo aleatorio que viste o escuchaste que te inspira lo suficiente para dar a luz esa idea inteligente. Hay muchos ejemplos que respaldan esto - Apple, Newton, y así sucesivamente.

Puedes preguntarte por qué nos afecta la aleatoriedad de tal manera, es porque estas cosas impredecibles activan nuestros cerebros en nuevos patrones de pensamiento. Por lo tanto, puedes usar esto a tu favor y conectar los segmentos desconectados.

Caza deliberadamente un ímpetu incluso en lugares sorprendentes y trata de vincular las piezas desconectadas del caso y el ímpetu. Las formas de construir la red son:

Usa consejos no relacionados. ¿Qué tal si eliges al azar una palabra del diccionario y tratas de crear una conexión entre tu problema y la palabra?

Asocia las ideas probables. Pon una palabra particular en la página, escribe todo lo que se te ocurra en esa misma página. Luego intenta crear una red entre ellas.

Puedes tomar una foto al azar, por ejemplo, y ver cómo puedes vincularla al caso.

Toma algo, cualquier cosa, y considera cómo puede contribuir positivamente a tu caso preguntándote preguntas vitales para averiguar qué característica tiene el objeto que puede ayudar a cambiar la situación.

Cambia tu perspectiva. Si quieres ideas frescas, puede que necesites cambiar la manera en que ves la situación, ya que con el tiempo, tener un punto de vista particular solo resultará en las mismas ideas asociadas.

Pide la opinión de los demás. Las personas son tan diferentes, todos tenemos diferentes maneras de abordar una situación. Por lo tanto, pregunta a otras personas por sus opiniones y su línea de acción preferida en el caso.

Puede ser un niño, un amigo, un patrocinador, tu pareja o incluso un extraño al azar con un estilo de vida completamente diferente y quizás una perspectiva de vida totalmente diferente.

Déjate llevar por un juego. Puedes intentar ver las cosas desde el punto de vista de un millonario, por ejemplo, o preguntarte qué haría Obama si fueras él.

Cualquier persona notable que elijas tiene un carácter distintivo, por lo tanto, considera estos atributos y úsalos para abordar el problema desde otro ángulo. Por ejemplo, si asumes el papel de millonario, entonces también tendrás que mostrar sus atributos al elaborar estrategias. Atributos como una extravagancia y un negocio aventurero. Alguien como Tiger Woods, por otro lado, es más probable que muestre perfeccionismo, tenacidad y una observación minuciosa de cada detalle del caso.

No solo necesitarás planear un diseño facultativo, sino que también querrás practicar todos los consejos mencionados anteriormente. El diseño facultativo que propongas puede ayudar a crear una sensación optimista, lo que a su vez mejora tu pensamiento innovador.

Cada vez que sientas que te estás dejando llevar por el exceso de pensamiento, dirige tus pensamientos hacia un pensamiento efectivo y deshazte de cualquier pensamiento que no sea productivo.

Capítulo 8: Establecer plazos para tomar decisiones.

Todo lo que nos rodea es consecuencia de nuestras decisiones. Las amistades, la salud, o incluso nuestra vocación y cada otra cosa que nos define hoy son nuestra capacidad o incapacidad para tomar decisiones, y las elecciones que ya hemos hecho. Dicho esto, es lamentable que muchas personas aún encuentren difícil tomar decisiones. Incluso si todo lo demás parece ir bien para nosotros, cuando las circunstancias son adversas y llega el momento de tomar una decisión, nos encogemos. Simplemente parece tan difícil decidirse por algo y mantenerlo.

Cada día, vivimos por las innumerables decisiones que tenemos que tomar, pequeñas o grandes. De eso se trata la vida. El progreso será más alcanzable si podemos descomponer estas grandes decisiones en pequeñas decisiones.

La afirmación de que la mejor decisión es no tomar ninguna decisión en absoluto, casi siempre es inexacta. Las personas indecisas son más propensas a ser controladas por sus vidas en lugar de al revés. Sin control sobre tu vida como resultado de la indecisión, es posible que no seas tan autosuficiente como te gustaría, por lo tanto, necesitas aprender a ser decisivo y tomar el control de tu vida.

La mejor manera de instigar tu hábito de sobrepensar es tener una decisión que tomar con la necesidad de acertar y más que suficiente tiempo para hacerlo. Todo el proceso de contemplar el mejor paso a seguir, considerando todas tus opciones mientras te tomas tu tiempo, es simplemente una invitación a complicar las cosas. Establecer un límite de tiempo para ti mismo es realmente la forma más efectiva de frenar ese hábito. Se recomienda establecer un límite con el lapso basado en la gravedad o magnitud de la decisión. Asegúrate de detener toda evaluación adicional una vez que se alcance el límite y simplemente selecciona una opción, actúa en función de ella y procede.

El propósito de este consejo es no dejar ninguna posibilidad para la sobre reflexión y fomentar la acción a través de tu límite de tiempo establecido. Es bastante sencillo: simplemente comienza a cronometrarte justo cuando inicias el proceso de análisis para tomar una decisión. Debido a tu conciencia del tiempo, tu análisis de las ventajas y desventajas será más conciso. De hecho, esta técnica es tan fácil y realizable.

Si tardas demasiado en tomar decisiones, entonces este consejo es justo lo que necesitas. Puedes establecer el tiempo tan corto como 1 minuto, o tan largo como 5 minutos, o cualquier número intermedio.

Cómo establecer límites de tiempo para tus decisiones

- Establece un límite en tu número de opciones. Al intentar tomar una decisión, reduce tus opciones a un máximo de 3 cosas, en lugar de dejar tus opciones amplias, vastas e ilimitadas.

- La Ley de Parkinson (establece un límite en tu tiempo). Cuando estableces un límite de tiempo, te hace trabajar menos y estresar menos tu cerebro, y simplemente no habrá suficiente tiempo para agotar tu mente en el trabajo. El trabajo solo se acomodará para utilizar el tiempo disponible.

- Mantén tus opiniones al mínimo. Tres personas que ofrezcan sus opiniones son suficientes para ayudarte con tu análisis. No te causes confusión, las personas son diferentes, cuantas menos opiniones contradictorias obtengas, más fácil será llegar a una conclusión.

Recordatorio: si descubres que constantemente pides la opinión
de los demás, entonces podría indicar que puede que no estés tan seguro de lo que quieres, o simplemente puede que no lo

quieras en absoluto. Obtener una segunda o tercera opinión de vez en cuando puede ayudarte a verificar una decisión que probablemente ya has tomado.

- Técnica de servilleta. Como no puedes hacer mucho en una servilleta, es mejor trazar tu plan en una servilleta primero y descubrirás que solo se dibujarán las cosas más importantes.

- Sé positivo. Cuando aprendas a ver la positividad en cada opción y decisión, entonces podrás aceptar las consecuencias de cualquier manera, sin arrepentimiento. Tú tomas la decisión y luego aprendes de ella.

- Técnica de caminar por la tabla. Hazte un voto para hacer algo que odias o que preferirías no hacer si no tomas una decisión dentro de tu tiempo estipulado. O lo haces completamente o no lo haces en absoluto.

Establece un límite al número de decisiones que tomas por día.

Para frenar el exceso de pensamiento, dale a tu cerebro suficiente tiempo y espacio para cuando tengas

decisiones cruciales que tomar, reduciendo las decisiones menos importantes. Es fácil equivocarse al pensar que reducir decisiones es similar a reducir gastos, pero no podría estar más lejos de la verdad. La verdad es que el tiempo, por muy corto que parezca, para tomar esas decisiones menos cruciales puede estresar tu cerebro antes de que siquiera plantees las más críticas, reduciendo la capacidad mental de tu cerebro en ese momento. Por lo tanto, es mejor que delegues esas pequeñas decisiones mientras ahorras esa energía mental para las decisiones cruciales.
¡Así que ahorra a tu cerebro el estrés!

Esto se refiere especialmente a esas pequeñas tareas diarias sobre las que necesitas decidir, pero que no son especialmente cruciales.

Es un hecho conocido que Steve Jobs repetía la misma ropa todos los días solo para no tener que pensar en qué ropa ponerse a diario. Solo para que Tim Ferris pueda evitar preguntarse qué comer cada mañana, tiene el mismo tipo de desayuno, aunque saludable, cada mañana. El presidente Obama también restringió sus respuestas en correos electrónicos a "de acuerdo", "en desacuerdo" o "discutir" para desviar su energía mental de estas pequeñas decisiones.

Por lo tanto, de ahora en adelante, al considerar las tareas a asignar, asegúrese de que el costo de la energía mental que implican esté bien evaluado. Por lo tanto, podemos decir con confianza que menos sobrepensar se traduce en más crecimiento y desarrollo personal.

Reducir el peso de tu toma de decisiones siempre te recompensará, sin importar cómo elijas hacerlo. Puedes emplear un asistente virtual para encargarse de todas tus tareas de gestión, o contratar a un freelancer para que se encargue de una o dos cosas a medida que surjan las necesidades, sin embargo, la delegación paga.

Pone un plazo a tus pensamientos. Limita tu número de decisiones diarias y establece plazos cortos para las decisiones.

Capítulo 9: Considera el panorama general.

Pensar en exceso solo magnifica cosas triviales tanto que causa pánico, y el mundo ya es lo suficientemente aterrador tal como es. Además, pensar en exceso convierte un pequeño problema en un asunto innecesariamente grande.

Todos los días enfrentamos una prueba u otra y con el tiempo, nuestras malas experiencias generan miedo. Miedo a la pérdida de un ser querido o de objetos valiosos, miedo a la insatisfacción y al descontento en la vida, miedo a fracasar en una entrevista y perder un trabajo que ni siquiera has conseguido aún, o miedo a arruinar esa primera cita.

No te dejes limitar y retener por el miedo. No dejes que el miedo te impida alcanzar las alturas que deseas.

No todo saldrá como se planeó, pero no te desanimes porque los contratiempos suelen ser indicadores de grandeza que aún está por desplegarse. Por lo tanto, al hacer tus planes, necesitas aprender a relajarte y confiar en el proceso. La relación entre la intención y el miedo es la tendencia a tener menos miedo cuando estamos más dispuestos a creer en nuestras intenciones y apartar toda negatividad para centrarnos en las posibilidades de tener un buen resultado final.

Sobrepensar es tan fácil. Es tan fácil dejarse llevar a ese modo sobreanalítico cada día, pero necesitas aprender a pausar y mirar la visión general.

Debemos darnos cuenta de que la mayoría de estas cosas que parecen ser un gran problema ahora no serán significativas en unos meses, o en unos años, o a veces incluso en unas semanas.

El momento en que te das cuenta de que lo que parece ser un gran problema es solo una pequeña mota en comparación con la vista en su totalidad, tal vez entonces dejes de magnificarlo.

A continuación se presentan algunos consejos para aclarar las cosas y ayudarte a mirar más allá de tus miedos para ver la perspectiva general:

-
  Pausa y rumia. Inmediatamente cuando empieces a sentir que te estás overthinking, solo pausa por un momento para reflexionar sobre las cosas. Luego, hacerte preguntas simples pero importantes puede ayudar a poner las cosas en perspectiva. Pregúntate cuál es el problema precisamente. Identifica el problema específico con el que estás teniendo dificultades y esto puede ayudarte a hacer los ajustes correctos. Pregúntate cómo te hace sentir toda la situación. Si te sientes perturbado por ello, entonces probablemente no obtendrás claridad. Ahora pregúntate sobre el porqué. ¿Por qué respondiste de la manera en que lo hiciste? ¿Fue adecuada tu reacción? Estarás de acuerdo conmigo en que tendemos a perder el control y tener un arranque frente a una situación volátil. Pausar para considerar estas cosas puede ayudar a aclarar los problemas.

  - **Come to terms with the things you can do nothing about.** It is pointless and enraging to overthink things that you can't change and it can cause you to have a mixed up view of life. It can be hard but with the tips below, you can learn to just let go of things you can't control.

- o
    Identifica tu parte y tarea. ¿Puedes hacer algo al respecto? ¿O está totalmente fuera de tu control?
- o
    Sé optimista. Una de las pocas maneras de manejar un caso sobre el que no tienes control es simplemente encontrar algo bueno en ello y mantenerte optimista.
- **Progress.** Retrace your steps when you find that you are going around in a circle, getting the same outcome. Assess your actions to consider other options.

- Deja de medirte en comparación con otras personas. Comparar tu ocupación, apariencia, habilidades y astucia con las de los demás es totalmente innecesario. La vida influye y moldea a las personas de diferentes maneras y ninguna dos personas tienen las mismas vidas. Estas comparaciones solo establecen alturas inalcanzables para que tú las alcances. Nadie más ha vivido tu vida excepto tú y nunca podrás vivir la vida de otra persona. Nunca olvides que eres único en tu especie.

- Aprende de experiencias pasadas. No importa lo que estés combatiendo, reflexiona sobre eventos pasados en relación con el problema que tienes entre manos y observa cómo te preocupas menos. Así que, delibera sobre las lecciones que se pueden aprender de estos eventos históricos y ve cómo pueden ayudar a resolver el problema actual.

- Concentra tu atención en las cosas que puedes cambiar. Es más difícil hacer cambios en un caso que consideras imposible. Por lo tanto, comienza intentando cambiar las cosas más pequeñas que están bajo tu control para no sentirte totalmente inútil. Por ejemplo, cuando la búsqueda de empleo parece inútil, trata de identificar qué deberías hacer para comenzar o acelerar el proceso. Más temprano que tarde, encontrarás más trabajos para solicitar o simplemente completar un formulario de solicitud para iniciar el proceso.

-

Sé esperanzador sobre el futuro. Otra cosa que hace el pensamiento excesivo es hacer que el futuro te parezca sombrío. Puede que sientas que no hay nada por lo que esperar. Necesitas aprender a separar los acontecimientos actuales en el presente de lo desconocido en el futuro. Tu pesimismo en el presente no tiene que quitarte la esperanza del futuro, pase lo que pase. En lugar de decir cosas como "nunca podré completar este trabajo", di "¿cómo puedo lograr este objetivo y completar mi trabajo?". Víte a ti mismo terminado con el proyecto y anticipa la satisfacción.

- Identifica tus sentimientos. Tu tendencia hacia el optimismo puede lamentablemente depender de cómo te ven los demás. Preocúpate por cómo te ves a ti mismo y quién eres para ti en lugar de preocuparte por la perspectiva que los demás tienen de ti. Por ejemplo, sé más rápido en preguntarte qué te gusta de ti mismo en lugar de qué les puede o no les puede gustar de ti.

- Nunca olvides que las cosas cambian. La vida es variable. Los tiempos y las estaciones cambian. Quienes son más felices y a veces viven más tiempo son aquellos que han aprendido a adaptarse a esos cambios. Para una comprensión más clara, una forma en que puedes aprender a adaptarte es buscando fotos antiguas y notando cuánto has crecido. Quizás puedas empezar de nuevo tomando fotos de ti mismo ahora como una medida contra el cambio que deseas. Mirar la foto "base" de vez en cuando puede inspirarte y ayudarte a trabajar en el presente.

- Visualiza tu entorno. Debes sentirte reconfortado sabiendo que en este vasto mundo, muy probablemente, hay al menos 2 personas más que tienen un problema similar al tuyo. ¡No estás solo! Deja de intentar resolver cada problema, la verdad es que solo eres un ser, no puedes ganarlos todos por ti mismo.

- Elabora objetivos prácticos. Establecer metas alcanzables puede ayudar realmente a mantener la claridad. Al definir tus metas, evita los objetivos poco realistas, esos que son tan abrumadores que parecen imposibles. Por ejemplo, puedes establecer una meta en la que perderás algunos kilos por mes si tu objetivo a largo plazo es ser 100 libras más delgado. En lugar de intentar perderlo todo en los primeros meses, divídelo en unidades.

Pon las cosas en una perspectiva más amplia.
Pregúntate cuánto tiempo importará esto.
¿Importará esto en 5 años? ¿O incluso en 5 semanas?
Imagina un final feliz.

Capítulo 10: Vive el momento.

La vida es como un tren en movimiento; no espera a que estés seguro de tu futuro antes de unirte al viaje, ni espera a que superes tu pasado. La vida está compuesta por el pasado, el presente y el futuro, pero se nos da un precioso regalo del presente cada día. El pasado está ahí solo para recordarnos dónde hemos estado y el futuro, para recordarnos a dónde vamos, pero el presente es la vida que ya estamos viviendo. Atormentarnos con nuestros pasados puede hacernos olvidar la vida que se supone que debemos vivir, haciendo que el tiempo pase desapercibido. La vida es preciosa, solo podemos vivirla en el presente, no en el pasado y tampoco en el futuro.

No es inusual enfrentarse a desafíos, distracciones, heridas y otras cosas negativas de tal manera que preferimos escondernos en la sombra de nuestro pasado en lugar de enfrentar la realidad. Esto no va a ayudar a nadie de todos modos. La mayoría de las personas simplemente existen sin vivir, siguen sus rutinas como marionetas sin realmente tener tiempo para disfrutar del presente. Lo hacen con caras sonrientes pero ojos infelices solo porque están estresados y obviamente necesitan un descanso, un descanso para irse de vacaciones, para sentarse sin hacer nada, para simplemente ser libres.

A pesar de nuestros apretados horarios, siempre deberíamos intentar vivir en el momento, esto también se conoce como atención plena. La atención plena es el estado de estar totalmente consciente del presente. Ser consciente es aceptar tus pensamientos tal como son sin preocuparte demasiado por ellos. Es ser consciente de que la vida debe ser vivida, no solo existir. Una persona consciente siempre vivirá no basándose en sus pensamientos y esto es quien deberías ser.

¿Por qué es importante estar presente?

Vivir en el presente te ayuda a apreciar más la vida. Te impide quedarte en el pasado o sobrepensar sobre el futuro. Vivir en el presente es una habilidad que debe ser adquirida para ayudarte a vivir una vida más emocionante.

A continuación se presentan algunas de las cosas importantes sobre vivir en el momento.

- Menos preocupaciones y sobrepensamiento. Vivir en el momento o estar presente te mantiene plenamente consciente del ahora. Te impide preocuparte y pensar en exceso sobre el futuro y permanecer en el pasado.

- Puedes apreciar el mundo un poco más. Cuando vives en el momento, tiendes a apreciar el mundo que te rodea. No estarás angustiado por el pasado y temiendo por el futuro.

- Puedes averiguar qué te podría estar molestando fácilmente. A veces, puede que no sepas qué es lo que te molesta, pero vivir en el momento o estar presente te ayudará a darte cuenta cuando no te encuentras bien, emocionalmente, físicamente y en otros aspectos.

- Puede comenzar a sentirse más relajado. Estar en el presente le permite tener el control de su vida y esto le ayudará a sentirse más relajado. Una vez que sienta que tiene el control, no se preocupará tanto por la vida.

Pasos prácticos para vivir en el presente.

Algunas personas viven sus vidas en el pasado, mientras que otras viven las suyas en el futuro. Sin embargo, el pasado se ha ido, el futuro aún no ha llegado, el único momento verdadero que tenemos es el presente. Así que siempre vive en el presente porque ahí es donde realmente podemos vivir.

1. Elimina posesiones innecesarias. Deshacerse de algunos objetos que te recuerdan tu pasado puede ayudarte a seguir adelante y podrás vivir en el presente. Deshazte de cualquier cosa que te siga recordando el pasado.

2. Sonríe. Solo sonríe. No solo ilumina tu día, sino también el de los demás. Cada nuevo día es un regalo y siempre deberíamos recibirlo con una sonrisa. La vida puede estar llena de incertidumbres, pero puedes controlar lo que te sucede. Así que mantén una mentalidad positiva hacia la vida.

3. Aprecia plenamente el momento de hoy. Cada día es una bendición, así que crea recuerdos, aprecia la naturaleza, observa cada detalle del día, no permitas que el tiempo pase desapercibido.

4. Perdona las heridas del pasado. Mantener el rencor no lastima a nadie más que a ti. Intenta perdonar a todos aquellos que te han hecho daño en el pasado. No dejes que el pasado te atormente, deja ir todo el dolor perdonando.

5. Ama tu trabajo. No tienes que seguir haciendo lo que odias durante 5 días de 7 a la semana. Este es el nivel más alto de desperdicio de tiempo y debería ser detenido. Puedes dejar el antiguo trabajo por completo y buscar algo más que ames o puedes enfocarte en un área particular del antiguo trabajo que te encante y poder hacerlo con alegría.

6. Trabaja duro hoy, pero no dejes de soñar con el futuro. No dejes que soñar con el futuro te impida vivir el presente. No vivas en un sueño y te olvides de tu realidad. Soñar con el futuro, tener metas y aspiraciones no es suficiente para garantizarte un futuro dorado. Debes trabajar duro ahora para alcanzar esas metas.

7. Deja de preocuparte por los logros pasados. Si te encuentras centrado o hablando demasiado sobre tus logros pasados, entonces es como resultado de pocos o ningún logro en el presente.

8. Reconoce y observa tus preocupaciones. No intentes pasarlas por alto, ni siquiera intentes controlarlas. Sin embargo, reconoce tus preocupaciones, considéralas desde el punto de vista de un extraño sin tener que responder a ellas.

9. Deja ir tus preocupaciones. Cuando no te aferres a tus preocupaciones, se desvanecerán tan rápido como llegaron. Aprende a soltar tus preocupaciones, no fijes tu mente en ellas.

10. Mantente enfocado en el presente. Nuestras emociones, pensamientos y sentimientos cambian constantemente. Así que, asegúrate de moverte con el cambio; una vez que te des cuenta de que has estado pensando en una cosa durante demasiado tiempo, devuélvete al presente. Intenta siempre de manera consciente vivir en el momento presente.

11. Piensa más allá de las viejas soluciones a los problemas. Nuestro mundo está en constante cambio; las reglas están cambiando y también lo están las soluciones a los problemas. No te acostumbres a las viejas formas de hacer las cosas, mantente abierto al cambio y acéptalo. El enfoque que utilices para resolver un problema hoy puede no funcionar para el mismo problema mañana. No permitas que ningún tiempo o momento pase desapercibido. Esto te permitirá vivir siempre en el presente.

Pasa más tiempo en el momento presente. Disminuye la velocidad. Dite a ti mismo: Ahora soy... Interrumpe y reconéctate.

Capítulo 11: Meditar

El pensar en exceso no aclarará tu mente, ni te ayudará a encontrar una solución práctica. En cambio, resulta en un pensamiento resentido, redundante y obsesivo. Es probable que el proceso de pensamiento lógico se vea oscurecido por una mente que piensa en exceso. Sabes que es imposible cambiar el pasado y que nadie conoce el futuro. Aun así, la mente está atrapada en una red de pensamientos. No olvides que hay una delgada línea entre entender tus errores pasados y estar obsesionado por ellos.

Observar a un niño puede ayudarte a descubrir que en la mente de un niño, solo existe el 'hoy'. No hay pensamientos sobre el futuro o el pasado, simplemente disfrutan lo que está sucediendo actualmente. Una vez fuimos niños. Y tenemos la capacidad de vivir en el presente y evitar el estrés de pensar en exceso. ¿Cómo? Puede que quieras preguntar. No solo la meditación te ayuda a dejar de pensar en exceso, sino que también te lleva de regreso a los tiempos en que todo era simple.

La meditación es una excelente manera de prevenir absolutamente el pensamiento excesivo. Siéntate en un lugar sereno, concéntrate en tu respiración y considera limpiar cada pensamiento de tu mente. Cuando un pensamiento surja en tu mente, obsérvalo sin ninguna implicación emocional, sé consciente del pensamiento pero no permitas que te afecte.

4 Maneras en que la meditación ayuda a detener el pensamiento excesivo

Reorienta tus objetivos. Tu mente puede estar abrumada con ideas y pensamientos redundantes cuando piensas demasiado. Puedes estar estresado por arrepentimientos, sospechas, dudas, realidades distorsionadas y alusiones. Todo esto no te ayudará a vivir feliz o tranquilamente. Tomas conciencia de que tus pensamientos están sesgados y son constructivos. Si estás preparado para saber más, podrás unirlo todo para llevar a cabo las grandes búsquedas en la vida.

Lucha contra los pensamientos negativos. La mayoría de las veces, desplazamos la culpa de todos los problemas en nuestra vida. Al menos, lidiar con los problemas es más sencillo cuando hay otra persona a quien culpar. La meditación te ayuda a luchar contra los hábitos poco saludables, como el desplazamiento de la culpa y la búsqueda de fallos. Prueba la meditación plena. Es muy efectiva para evitar que pienses en exceso. En este espacio de conciencia, podrás buscar verdades reales y deshacerte de pensamientos tóxicos. Así, te ayudará a concentrarte en acciones y pensamientos positivos.

Despeja tu mente. Pensar en exceso es una señal clave de que algo te está consumiendo. Llega a la raíz de tu aprensión y resuélvelo directamente. Uno de los efectos beneficiosos de la meditación es que despeja tu mente. Eres capaz de planificar, organizar y hacer un análisis efectivo en tu mente. Tan pronto como comprendas el problema, puedes comenzar a pensar en cómo abordarlo. Esto ayuda a prevenir pensamientos errantes, que pueden ser innecesarios y tóxicos.

Te desliga del apego. Pensar en exceso es una expresión de todo lo que estás atado: tus pensamientos, palabras, ideas y acciones. Hay demasiado apego entre nosotros y otras personas, o entre nosotros y las relaciones, esto borra nuestro pensamiento y juicio, haciéndonos sobre-analíticos y excesivamente críticos.

Sin embargo, esto es lo que necesitas saber sobre la meditación, no hay una sola manera de hacerlo, no hay una forma correcta o incorrecta. En las primeras etapas, meditar se siente raro. Ciertamente. Tu cabeza te proporcionará una larga lista de cómo es una pérdida de tiempo. ¿Cuál es el sentido de estar sentado allí sin pensar en nada? Te retorcerás y girarás. Te enojarás. Persevera a través de todo. Se vuelve más fácil.

Cómo meditar en 9 pasos sencillos

1. Dedica de 5 a 30 minutos todos los días. Como principiante, comienza con cinco minutos. Para muchas personas, cinco minutos son ideales y, de hecho, cinco minutos de meditación pueden tener efectos positivos. En cuanto a la frecuencia, se cree que

la meditación debería ser un objetivo diario, como cepillarse los dientes.

2. Deshazte de las distracciones. Selecciona un período del día en el que tengas una cantidad mínima de distracción. Quizás, durante las primeras horas del día.

3. Relájate y ponte cómodo. Antes de meditar, a algunas personas les gusta estirarse porque ayuda a relajar y aflojar los músculos. Sentarse quieto puede ser difícil como novato; sin embargo, estirarse y relajarse te da una ventaja.

4. Selecciona tu posición. No importa si estás sentado o acostado, tu posición es una decisión personal. Para algunas personas, acostarse es cómodo, para otras, estar sentado lo es. Lo clave aquí es estar cómodo, es decir, no encorvarse y mantener la columna recta. Si estás sentado, relájate y coloca tus manos sobre tu regazo. Puedes sentarte con las piernas cruzadas en el suelo apoyado en un cojín, o en una silla y colocar tus piernas en el suelo. No es obligatorio contorsionar tu cuerpo en una posición de loto si te resulta incómodo.

5. Concéntrate en tus pensamientos. Prepárate para el divagar de tu mente. El secreto de la meditación es enfocar tu mente en lo que está sucediendo en el presente y no en lo que ha sucedido, o en lo que sucederá en una hora. Ahora, debes estar quieto, relajado y simplemente sanarte a ti mismo. Tan pronto

como hayas seleccionado el período ideal y estés relajado y cómodo, estarás preparado para concentrar tu mente en tu respiración. Es una decisión personal si deseas meditar con los ojos cerrados o abiertos. A veces, la música relajante puede ayudarte a meditar de manera efectiva. Si disfrutas meditar mientras escuchas música, eso es aceptable. Hay una variedad de música para escuchar.

6. Toma respiraciones lentas y profundas. Cierra suavemente tus ojos. Comienza respirando lenta y profundamente: inhala por la nariz y exhala por la boca. Evita respirar con fuerza. Permite que venga de manera natural. Las primeras respiraciones pueden ser superficiales, pero a medida que dejas que tus pulmones se llenen de aire cada vez, tus respiraciones se harán progresivamente más completas y profundas. Puedes tomarte todo el tiempo que necesites para respirar profundamente y lentamente. Después de un rato, las respiraciones profundas comienzan a hacerte sentir más relajado y en paz.

7. Cuando tu mente divaga, enfócala de nuevo en tu respiración. Es de esperar que tu mente divague. Intenta suavemente devolverla al presente, es decir, a tu respiración. Tus pensamientos pueden desviarse cada cinco segundos. Esto está perfectamente bien. Una vez que comiences a practicar la meditación con frecuencia, habrá una reducción en la divagación de tu mente y tu cuerpo y mente realmente se relajarán. Sentarse en silencio y concentrarse en tu respiración es difícil, pero haz ese sutil esfuerzo deliberado para

enfocar tu mente en el presente. Este es el concepto de meditación: enfocar tu conciencia en lo que está sucediendo actualmente. Además, si crees que podrías quedarte dormido, cambia de posición.

8. Finalizando tu meditación. En cuanto estés preparado para finalizar tu meditación, abre los ojos y levántate suavemente. Gran trabajo. ¡Lo has logrado!

9. La práctica constante te hace perfecto. No es una competencia. Puede que actualmente solo puedas meditar durante tres minutos. Con el tiempo, este periodo aumentará, así como todos los efectos beneficiosos de la meditación. Hay una diferencia significativa con el tiempo. Comenzarás a experimentar una sensación de felicidad, paz y calma. Sigue con ello, puede ser desalentador al principio, pero está bien. Soy una madre ocupada con una carrera multitarea, así que ha sido muy beneficioso para mí. Más beneficioso de lo que imaginé.

Puedes deshacerte totalmente del mal hábito de pensar en exceso meditando durante 10 minutos cada día.

Capítulo 12: Crea una lista de tareas.

Aunque tu mente puede ser tu arma más poderosa; sin embargo, si se descuida, tu mente también puede impedirte alcanzar tus metas. Tu mente tiende a exagerar la verdadera naturaleza de las cosas, haciéndolas más grandes de lo que realmente son.

Por ejemplo, si tienes que terminar un par de tareas en un día, tu mente podría hacer que parezca una hazaña imposible completarlo en un día.

Surge con múltiples razones por las que la finalización de la tarea será imposible. El secreto para evitar este tipo de exceso de pensamiento es crear una lista de tareas.

Por ejemplo, si tienes que crear una presentación, completar un informe, recoger a tu hermana del aeropuerto o tienes una reunión con un cliente, tu mente podría hacer que parezca inconcebible completar todo esto en un día.

Hacer una lista de tareas te ayuda a asignar una duración definida para cada actividad, lo que facilita su finalización.

Aquí hay algunas maneras de dividir estas actividades en una lista práctica, luego cancelar cada actividad una vez que esté completa.

La manera correcta de crear y completar una lista de tareas

- Selecciona un método. Hay varias variedades de listas de tareas, por lo que esto depende de lo que sea efectivo para una persona en particular. Algunos estudios sugieren que escribir información a mano ayuda a recordarla de manera efectiva; sin embargo, si la última vez que usaste un bolígrafo fue en 1995, no te preocupes; hacer una lista de tareas personal también es posible con la amplia gama de aplicaciones digitales disponibles.

- Haz varias notas. Haz algunas listas de tareas por completar. Debería haber una copia maestra que tenga cada tarea que quieras completar a largo plazo. Por ejemplo, comenzar una clase de idiomas, limpiar el armario, y así sucesivamente. También puedes crear una lista de proyectos semanal que tenga todas las tareas que deben completarse dentro de una semana. Luego, se debe crear una tercera lista denominada HIT, es decir, lista de Tareas de Alto Impacto; esta tiene una lista de todas las cosas que deben hacerse hoy - por ejemplo, completar esa presentación de trabajo, llamar al Tío Tom por su aniversario, recoger la ropa de la lavandería. Cada día, las tareas de la lista general y de la lista de tareas semanal se moverán a la lista HIT, según corresponda.

- Mantenlo simple. Nada es más aterrador que una larga lista de tareas. En realidad, es impráctico completar tal cantidad de tareas en 24 horas. Un consejo para simplificar la lista de HIT es crear una lista de las tareas que se deben completar hoy y dividirla en dos. El número de tareas en la lista debe ser de unas 10, las otras tareas se pueden mover al borrador maestro o a la lista de tareas semanales.

- Comienza con las tareas simples. Antes de tus MIT's, incluye algunas tareas básicas en la lista: "Ducharse, Lavar los platos del desayuno y doblar la ropa" son grandes ejemplos. Completar y cancelar tareas tontas puede ayudarte a comenzar tu día con una sensación de positividad.

- Completa tus MIT. MIT significa "tareas más importantes." La parte superior de tu lista debe comenzar con un mínimo de dos elementos que deben completarse urgentemente hoy, esto es para asegurarte de que completes tu informe de proyecto que debe ser entregado mañana, en lugar de pasar la aspiradora. Aunque las otras tareas de la lista podrían no hacerse, las tareas muy significativas se completarán.

- Dividir en tareas más pequeñas. Tareas como "trabajar en el proyecto de tesis" parecen demasiado imprecisas y presionantes, esto implica que podríamos estar demasiado abrumados para realmente comenzarlas. Una gran manera de disminuir el miedo y hacer que el objetivo parezca más realista es dividir las tareas en proyectos más pequeños. En lugar de decir "trabajar en la tesis", sé más específico, di algo como "completar la primera mitad del capítulo dos" el domingo y "escribir la segunda mitad del capítulo dos" el lunes.

- Sé específico. Las cualidades comunes de todas tus listas de tareas deberían ser: deben ser tareas que solo puedan ser completadas por el creador de la lista de tareas, son tareas físicas, se pueden completar en una sola sesión. Para tareas generales que requieren mucho tiempo o asistencia de otras personas, haz una lista de los pasos específicos que pueden ayudarte a alcanzar tu objetivo. En lugar de "rescatar a los animales", prueba con "crear una carta de presentación para una pasantía en el Fondo Mundial para la Naturaleza."

- Inclúyelo todo. Para todas las cosas que tienen que hacerse en la lista, sé lo más expresivo posible, escribe todo lo relacionado con ello para que no haya excusas si el trabajo no se completa. Por ejemplo, si la tarea tiene que ver con llamar a un amigo, escribe el número de esa persona en la lista para que no haya necesidad de que tengas que buscarlo más tarde.

-

Crónometralo. Dado que has creado la lista y la has revisado dos veces, ahora establece un límite de tiempo al lado de cada tarea. Convertir la lista de tareas en una lista de citas podría ser útil. Por ejemplo, vaciar la bandeja de entrada de 7 a 8 p.m. en Dominos en la 5ta Avenida, tintorería de 8 a 9 p.m. en Clean Aces. Una vez que haya pasado el tiempo establecido, ha pasado; pasar siete horas recogiendo la tintorería es innecesario.

- Evita estresarte. La mayoría de las listas maestras tienen una o dos cosas que hemos tenido la intención de completar durante días, semanas o probablemente años, pero no hemos logrado hacerlo. Intenta buscar las razones de esto para que puedas entender los pasos necesarios para la finalización real de las tareas. ¿Evitas la llamada a la tía Jessie por las largas horas que podrías pasar al teléfono? Sustituye "Llamar a la tía Jessie" por "encontrar una manera de finalizar la llamada a la tía Jessie". Esto disminuirá la variada magnitud de la tarea, haciéndola más fácil de realizar.

- Compártelo con las personas. Algunas veces, la mejor manera de sentirnos obligados a hacer algo es que alguien nos supervise. Puedes hacer tu lista de tareas pública, colocándola en el refrigerador o creando un calendario digital que pueda ser visto por tu colega.

- Fija un horario para programar. Sentarse a crear una lista de tareas real puede ser uno de los aspectos más difíciles de hacer la lista. Selecciona un momento diario, tal vez por la mañana antes de que todos se levanten, o a la hora del almuerzo, o incluso antes de ir a dormir, cuando te sea fácil organizar todo lo que necesita hacerse y averiguar qué aún está pendiente.

- Entra con lo viejo. Recordar la productividad del día anterior es una excelente manera de mejorar la productividad. Esto conlleva una lista documentada de todas las cosas que has logrado el día anterior, incluyendo las tareas triviales.

- Haz una nueva lista. Crea una lista fresca diariamente, para que las tareas viejas no saturen la lista. Además, es una forma beneficiosa de asegurarnos de que realmente cumplimos con una tarea cada 24 horas y no perdemos tiempo embelleciendo la lista con marcadores de colores.

- Sea flexible. Consejo útil: Asegúrese de reservar 15 minutos de "tiempo de compensación" entre tareas en el calendario o la lista de tareas por si ocurre una emergencia imprevista; por ejemplo, si su computadora se apaga o si hay un cortocircuito. Y si no ocurre ningún evento desafortunado, lo más importante es recordar esperar y respirar. Si ya ha completado al menos un MIT, logrará el resto.

Proporciona detalles exhaustivos de tus proyectos y divídelos en secciones. Establece una fecha límite tentativa y verifica si pueden completarse dentro de la mitad del tiempo establecido. Luego, finalmente, fija un tiempo para todo.

Capítulo 13: Abraza la Positividad.

Lo triste de la vida es que está llena de eventos negativos. Estos eventos a menudo circulan por el mundo a través de las noticias, las plataformas sociales y similares. Tan patético como esto es, nadie puede controlar o prevenir que estas cosas sucedan. Por lo tanto, permitir que estos eventos negativos nos agobien no sirve de nada porque no podemos resolver los problemas. Sin embargo, la mentalidad de la mayoría de las personas se ha visto afectada negativamente por los desafortunados acontecimientos que las rodean. Terminan sobrepensando sobre todo, sin importar cuán insignificante pueda parecer.

No controlas lo que sucede a tu alrededor, pero controlas cómo reaccionas a ello o cómo te sientes al respecto. La mayoría de las personas permiten que su forma de pensar se incline hacia el lado negativo debido a lo que ven o escuchan todos los días. Cuando surgen situaciones, tenemos dos opciones: mirar los aspectos negativos de las situaciones o ver los aspectos positivos a su alrededor. Lamentablemente, la mayoría de las personas cede a lo primero. Controlamos nuestros sentimientos, así que puedes alimentarlos con pensamientos positivos o negativos.

Haz una elección consciente de ser optimista acerca de la vida. Abraza la positividad. Deshazte de cualquier cosa que te haga infeliz y que amenace tu paz mental. Pensar en exceso trae dudas y, como resultado, conduce a mentalidades negativas. Por lo tanto, deja de pensar en exceso y ten confianza en que puedes superar cualquier tormenta que se presente en tu camino.

Conscientemente, intenta proteger tu paz mental. No puedes hacer esto si no te amas lo suficiente, si piensas que no mereces la felicidad. Una cosa es segura, todos merecemos amor, todos tenemos el derecho a ser felices y, por todo lo que vale, tu felicidad es tu responsabilidad. Crea felicidad donde esté ausente, siempre date una razón para ser feliz porque lo mereces.

Alimenta tu mentalidad continuamente con pensamientos positivos. A pesar de los desafíos que puedas enfrentar - los diversos sentimientos que van desde el dolor hasta el miedo, la ira, la desánimo y otros - nunca dejes de pensar en positivo.

A continuación se presentan algunos consejos para ayudarte a adoptar la positividad;

- Empieza con una buena nota. Despierta cada día sintiéndote agradecido. Agradece por todo, piensa en las cosas buenas que te sucedieron el día anterior, incluso puedes anotarlas. Al hacer esto, te das una buena razón para tener confianza, para tener esperanza y para ser feliz. Esta energía positiva al comienzo de un nuevo día es suficiente para mantenerte en marcha durante todo el día. Aparte de las reflexiones diarias, también puedes intentar hacerlo de forma semanal o mensual, esto te ayudará a mantener una mentalidad positiva.

-

- Nota a las personas con las que pasas más tiempo. La negatividad es contagiosa, así que presta atención a las personas con las que pasas la mayor parte de tu tiempo. Si siempre ven lo peor en todo, entonces deberías reconsiderar pasar tiempo con ellas. Esto no es porque las odies o las estés juzgando, solo estás protegiendo tu mente.

- Habla palabras positivas. Así como nuestras acciones son importantes, nuestras palabras también lo son. De hecho, las palabras que decimos, con el tiempo, se convierten en nuestras acciones y se convierten en nuestra realidad. Cuida las cosas que dices; las palabras negativas generarán energía negativa y eventualmente resultarán en cosas negativas. Nuestra mente subconsciente nos escucha, presta atención a lo que decimos y hacemos. Después de un tiempo, comienza a responder a las palabras que ha oído, negativas o positivas. Por lo tanto, siempre haz declaraciones positivas.

- Estimula tu memoria. Anteriormente mencionamos vivir en el presente y dejar ir el pasado, pero hay algunos recuerdos del pasado que no debemos olvidar, como los recuerdos de una infancia feliz, un recuerdo feliz de la playa y otros momentos felices. Estos recuerdos nos dan la fuerza para vivir en el presente. Por lo tanto, crea recuerdos felices siempre que se te presente la oportunidad.

- Comienza a cultivar la esperanza de pequeñas maneras. Crea esperanza incluso en las maneras más pequeñas. Puede ser al ver una sonrisa en el rostro de un extraño, al planear alcanzar una meta, o al reflexionar sobre las cosas buenas que te han sucedido.

- Cambia tu enfoque. Deja de intentar controlar todo. Relájate un poco, desvía tu atención de las cosas que no están funcionando y concéntrate en las que sí.

- Desactiva los pensamientos negativos. Cuando notices que estás comenzando a tener pensamientos negativos, no los alimentes, sino cámbialos. Cuando ocurre un evento negativo, puede ser un problema con los padres o los hermanos o incluso un problema de peso; no pienses demasiado en ello. Prevén conscientemente que tus pensamientos divaguen hacia eventos negativos; enfócate más en los positivos.

- Volver a lo básico. No es demasiado tarde para cambiar tu mentalidad; esta llegó como resultado del pensamiento. Así que, comienza a tener pensamientos positivos.

- Sé curioso. No asumas que lo sabes todo. Piensa en los posibles resultados de los eventos.

Recuerda un momento en el que lograste algo y lo que hiciste. Nunca olvides tus logros, la técnica que utilizaste y cómo la aplicaste. Es posible que necesites usar el mismo procedimiento para alcanzar algo más grande.

- Mantén la charla del cuerpo. No te centres tanto en la mente que olvides el cuerpo. Cuando nuestros cuerpos están sanos, nuestras mentes también estarán sanas. El estado de nuestros cuerpos afectará nuestras mentes, el cuerpo físico controla las actividades de la mente hasta cierto punto. Todos necesitamos un nivel de motivación cada día y sin el ejercicio adecuado del cuerpo, podría ser que no seamos capaces de obtener la energía positiva que necesitamos. Cuando estamos físicamente sanos, podremos tener una mentalidad positiva hacia la vida.

- Comienza un diario de evidencia con pruebas de que la vida está funcionando para ti. Registra todas las cosas buenas que la vida te ha ofrecido, en lugar de las cosas que no te ha ofrecido o las cosas negativas que te ha ofrecido.

- Piensa en alguien cuya vida parece ir bien. ¿Tienes a alguien en quien desearías parecerte? ¿O admiras la vida de alguna persona? Entonces conviértelos en tu modelo a seguir, investiga sobre lo que hacen y cómo lo hacen para tener éxito.

- Errar es humano. En un intento de abrazar la positividad, no seas demasiado duro contigo mismo. Mantener una mentalidad positiva puede ser difícil. Somos humanos y es probable que cometamos errores, tengamos dudas y sentimientos negativos, pero cuando vengan, contrólalos. No dejes que te consuman, recuerda que los sentimientos y pensamientos no duran mucho, pasarán solo si no los alimentas.

Cambia tu mentalidad y pasa más tiempo con personas positivas que no sobrepiensan las cosas.

Capítulo 14: Usando Afirmaciones para Aprovechar el Pensamiento Positivo.

La mayoría de las personas que piensan negativamente son aquellas que a menudo piensan en exceso. Si te dejas llevar, pronto, todo sobre ti se vuelve negativo y pesimista; tu autoestima, tu perspectiva y tus emociones.

Lo curioso de la negatividad es cómo parece que casi siempre se hacen realidad. Estos pensamientos negativos deprimen tu espíritu, tus relaciones con las personas a tu alrededor y tu personalidad. De alguna manera, te has convencido de que nunca serás suficiente y está comenzando a dominar tu vida.

Sé intencional, en cambio, acerca de ser todo lo que no es negativo; sé optimista y esperanzado. Piensa y habla palabras buenas para ti mismo y descubrirás que es muy potente y beneficioso.

En última instancia, haz esfuerzos por frenar tus hábitos de sobrepensar pensando deliberadamente de manera más positiva sobre la vida.

¿Qué son las afirmaciones y funcionan?

Una afirmación es una aserción, un comentario optimista que realmente ayuda a inhibir la negatividad y el auto-daño. Cuanto más declares estas palabras, más en realidad las crees, y, posteriormente, más positividad puedes realmente exudar.

Reiterar constantemente estas palabras puede ayudar tanto a nuestro estado mental que reforman nuestras cadenas de pensamiento para hacernos empezar a pensar y comportarnos positivamente.

Por ejemplo, hay pruebas de que las afirmaciones ayudan positivamente en tu rendimiento laboral. Cuando te sientes un poco nervioso anticipando una gran reunión de negocios, puedes tomarte un tiempo para enfocarte en todas tus grandes cualidades y esto ayudará a calmar tus nervios, mejorar tu autoestima, evitar que te conviertas en un nervioso, y aumentar las posibilidades de que seas productivo.

La autoafirmación también puede mejorar los terribles efectos de la ansiedad y el estrés.

Aún mejor, las afirmaciones han sido una terapia mental para personas que sufren de depresión, baja autoestima y una multitud de otros trastornos mentales. También se ha demostrado que las afirmaciones excitan ciertos aspectos de nuestro cerebro que desencadenan una alta posibilidad de ser más conscientes y dirigidos hacia la positividad en lo que respecta a nuestra salud. Cuando tienes un alto aprecio por ti mismo, te preocupas más por mejorar tu salud en general. Por lo tanto, si sientes que comes demasiado, por ejemplo, y necesitas empezar a hacer ejercicio, entonces las afirmaciones pueden ser utilizadas para ayudarte a recordar tu valor y, por lo tanto, animarte a hacer algunos cambios en tu estilo de vida.

Cómo Utilizar Afirmaciones Positivas

Las afirmaciones no tienen restricciones, puedes usarlas siempre que desees hacer alteraciones positivas en tu vida. Puedes usarlas cuando quieras:

- Mejora tu autoestima antes de reuniones cruciales y presentaciones.

- Domina tus emociones, poniendo un freno a cualquier sentimiento pesimista como la ira, la decepción y la irritabilidad fácil.

- Renueva tu autoestima.

- Finaliza con éxito los proyectos que comenzaste.

- Mejore su eficiencia
- Vence los malos hábitos.

Las afirmaciones funcionan mejor con metas establecidas y pensamientos más optimistas.

La visualización complementa las afirmaciones de manera perfecta. Así que, no solo visualices ese gran cambio, háblalo contigo mismo, escríbelo hasta que lo creas. Afirmate positivamente.

Las afirmaciones también son muy valiosas cuando estás determinando nuevos objetivos y metas. En el momento en que especificas exactamente lo que deseas alcanzar, la autoafirmación y los comentarios afirmativos pueden ayudar a impulsarte constantemente hacia el éxito.

Decir esas afirmaciones positivas a ti mismo una y otra vez es realmente la clave para la potencia. Pégalo en tu pared, o ponlo como una alarma, pero asegúrate de reiterar esas palabras a ti mismo tan a menudo como sea posible todos los días. Aún más importante es la necesidad de reiterar esas palabras cuando te encuentres pensando en exceso nuevamente, o haciendo esos hábitos que has estado tratando de romper.

Cómo Escribir una Declaración de Afirmación

Tu declaración de afirmación debe dirigirse a un aspecto o hábito particular que estás tratando de romper. Puedes personalizar tu declaración de afirmación según tus necesidades utilizando los consejos a continuación.

- Considera ese hábito del que estás tratando de deshacerte. El comportamiento en el que deseas mejorar. Puede ser tu mal genio o tu fácil irritabilidad o tus deficientes habilidades de comunicación o tu productividad casi nula en el trabajo.

- A continuación, anota aquellos aspectos de tu vida que te gustaría modificar y asegúrate de que se alineen con tus valores clave y con todo lo que es vital para ti. Si no alineas estos cambios con tus valores, es posible que no te sientas verdaderamente inspirado para alcanzar esos objetivos.

- No intentes hacer afirmaciones imposibles e poco fiables, sé realista y práctico al respecto. Por ejemplo, si no estás satisfecho con el salario que recibes cada mes, puedes comenzar a reiterar afirmaciones a ti mismo para aumentar tu confianza lo suficiente como para pedir un aumento.

- No obstante, es mejor no convencerse de que definitivamente recibirás un aumento que duplica tu salario anterior, ya que en general es impensable para los empleadores duplicar tu salario así como así. ¡Sé pragmático y razonable! No es que las afirmaciones sean encantamientos. Lo que necesitas es fe; de lo contrario, esas palabras podrían tener poca o ninguna potencia en tu vida.

- Cambia la negatividad y abraza la positividad. Si te gusta el autodesánimo y el daño personal en general, aprende a observar los pensamientos o ideas particulares que atormentan tu mente. Luego, crea una afirmación que contradiga por completo esa línea de pensamiento.

- Imaginemos que frecuentemente te dices a ti mismo que no eres lo suficientemente hábil ni talentoso para avanzar en tu carrera, puedes cambiar esto completamente escribiendo una afirmación como: "Soy lo suficientemente bueno, y soy un experto talentoso en lo que hago."

-

Sé particular al escribir en presente como una muestra de creencia de que lo que estás diciendo ya está ocurriendo. Es la única manera de que realmente creas y veas que sucede de verdad. Por ejemplo, un buen ejemplo de una afirmación efectiva es: "Estoy listo para esta presentación, estoy bien versado en este tema porque me he preparado bien para ello y va a ser una presentación maravillosa." Dímelo a ti mismo cuando comiences a sentir los nervios y la ansiedad por hablar en público.

- Dilo como si lo quisieras decir de verdad. Incorporar emociones en tu afirmación puede ayudarte a hacer que las palabras sean más productivas. Si realmente lo quieres, actúa como si lo hicieras diciéndolo con voluntad. Dilo como si tuviera sentido para ti y significara algo para ti. Por ejemplo, si tienes problemas para calmar tus nervios respecto a un nuevo proyecto que te han asignado, entonces intenta decirte algo como: "Estoy deseando enfrentar este nuevo desafío. No puedo esperar para afrontarlo".

Ejemplos de Afirmaciones

Por supuesto, tu afirmación es exclusiva para ti, así que déjala especificar exactamente qué es lo que pretendes alcanzar y todas las alteraciones que buscas realizar. Sin embargo, a continuación se presentan algunos ejemplos que pueden ayudarte a comenzar:

- Mis innovaciones para este nuevo desafío son innumerables.
- Mi jefe y todos mis compañeros apreciarán mi trabajo cuando termine.
- ¡Tengo la capacidad de hacerlo!
- Mi opinión es invaluable para mi equipo.
- Soy triunfante y victorioso.
- La sinceridad es mi palabra clave.
- Soy consciente del tiempo en cada tarea.
- Aprecio este trabajo y no lo doy por sentado.
- Me encanta lograr un buen trabajo con mi equipo.
- Soy excepcional en todo lo que intento.
- Soy magnánimo.

- Estoy realizado.
- Marcaré el ritmo en esta empresa.

Las afirmaciones son afirmaciones de positividad que ayudan a derrotar la autodestrucción y la negatividad en general.

Capítulo 15: Conviértete en Orientado a la Acción.

No puedes simplemente decidir dejar de sobrepensar, sino que debes actuar deliberadamente para ver que estás libre de ese hábito. No pienses demasiado en hacer la elección correcta, a menudo aprendemos de nuestros errores. De hecho, las mejores lecciones son las que se aprenden de un error.

Siempre está listo para tomar acción sin importar cuán inciertos puedan parecer. Pensar en exceso trae dudas y estas dudas nos restringen de actuar donde deberíamos. Nunca se puede estar demasiado seguro en la vida. Nuestras vidas serán mucho mejores si podemos hacer la mayoría de las cosas que hemos tenido en mente hacer.

Sin embargo, cuando hablo de tomar acción, me refiero a una acción dirigida. Antes de tomar cualquier acción, primero debes considerarla con la situación presente, la acción debe tomarse sabiamente y no basada en emociones.

Consejos para Actuar y Superar el Pensamiento Excessivo

1.

Reconoce el resultado de la indecisión. La forma más efectiva de deshacerse de la sobrepensación es identificar las consecuencias de la indecisión. En cada situación, compara la consecuencia de tomar una decisión con la consecuencia de no tomar ninguna. Si el resultado de esta última es más favorable, entonces debes seguir adelante.

2.

Lanza una moneda. Cuando parece que no puedes dejar de pensar en un problema, puede ser tu instinto tratando de advertirte que la situación está fuera de tu control o que no es necesario sobrepensar el asunto. Todo lo que necesitas hacer en casos como este es abrir el siguiente capítulo y seguir adelante.

3.

Escribe 750 palabras. Escribir es una forma que puedes emplear para despejar tu mente. Te ayuda a ver claramente cuáles son los problemas y a idear maneras de solucionarlos.

4.

Decide dos veces. Siempre prueba la fuerza de tus decisiones tratando de decidir sobre ese problema dos veces antes de actuar. Después de tomar una decisión sobre un tema, escríbela y después de 24 horas, reflexiona sobre ese mismo tema pero esta vez en un lugar diferente. Luego responde las mismas preguntas que te hiciste y toma una nueva decisión. Ahora, observa si corresponde a la primera decisión.

5.

Confía en tu primer instinto. Como se dijo anteriormente, pensar demasiado genera dudas. Nos restringe de tomar decisiones rápidamente, nos hace perder fe o confianza en nosotros mismos.

Por lo tanto, siempre aprende a confiar en tu primer instinto.

6.

Limita las decisiones que tomas. No tienes que decidir sobre todo.

Aprende a seguir estándares. Esto limitará el número de decisiones que tendrás que tomar en un día y aumentará aún más tu capacidad para tomar mejores decisiones sobre asuntos más serios.

7.

Siempre puedes cambiar de opinión. ¿Qué nos dio la impresión de que las decisiones deben ser muy rígidas, dominantes y severas? Las decisiones se pueden cambiar, uno puede tener un cambio de corazón en cualquier momento, esto es lo que necesitas saber. Puedes decidir ahora comprar una nueva propiedad y decidir más tarde no hacerlo, es toda tu elección y no le debes explicaciones a nadie. Tus amigos están allí solo para influir en tu decisión y no para tomarla por ti. Solo pueden intentar

disuadirte de algo, pero al final del día, es tu decisión. Los buenos amigos siempre aceptarán tus decisiones y te apoyarán en todo momento. Sin embargo, al tomar decisiones, elige actividades emocionantes, cosas que te hagan feliz. Recuerda que tu felicidad es tu responsabilidad.

Hay algo conocido como parálisis por análisis. Esta es una condición causada por el pensamiento excesivo. Es una situación en la que no se toma ninguna decisión sobre un problema porque ha sido sobreanalizado.

No pienses demasiado en los problemas, solo los prolongará; más bien, sé un hombre de acción.

Capítulo 16: Superando tu miedo.

Dejar que los sentimientos nos superen y nos paralicen en la sobrepensación es naturaleza humana. ¿Quién se meterá de lleno en una situación que probablemente sea hiriente? Solo al evadir consistentemente al "fantasma" dentro de nosotros, te convertirás en cautivo del monstruo.

Un sentimiento muy fuerte es el miedo. Tiene un impacto poderoso en la mente y en tu apariencia física. Puede establecer reacciones poderosas cuando estamos en situaciones alarmantes, por ejemplo, cuando hay un incendio o estamos siendo asaltados.

Por lo general, esto incluye un intento de combatir cualquier posible factor de estrés que pueda llevar a la angustia y a la participación en interrupciones infinitas. Pero, estás combatiendo posibles situaciones que te brindarán desarrollo y felicidad. Además, tienes la oportunidad de luchar contra el miedo para siempre. El miedo atacará sin importar cuánto intentes prevenirlo. Y probablemente atacará en un momento en que más necesites la serenidad emocional.

Además, puede atacar cuando te enfrentas a situaciones que no amenazan la vida, como citas, exámenes, un nuevo empleo, una fiesta o enfrentar a una multitud. El miedo es la respuesta habitual a una advertencia que puede ser percibida o evidente.

Estas son algunas recomendaciones para combatir el pensamiento excesivo si te lo estás encontrando:

- Permítete sentarte con tu miedo durante 2-3 minutos a la vez. Inhala y exhala con el miedo y di: "Está bien, se ve muy mal, pero los sentimientos son similares al mar: las mareas suben y bajan." Asegúrate de tener una actividad edificante planeada para tu sesión posterior: contacta a ese confidente que quiere saber cómo te fue; sumérgete en una actividad que te resulte placentera e intrigante.

- Escribe las cosas por las que estás agradecido. Mira lo que has redactado cuando te sientas de mal humor. Haz la lista más larga.

- Recuerda que tu ansiedad es un almacén de sabiduría. Redacta una nota: "Querida ansiedad, ya no te tengo miedo, ¿qué puedo aprender de ti?"

- Utiliza el humor para desinflar tus peores miedos. Por ejemplo, ¿cuáles son las escenas más divertidas y terribles que pueden ocurrir si aceptas una invitación para hablar ante una audiencia de 500 personas? Me mojo los pantalones en el escenario. Puedo ser detenido por dar el discurso más horrible en la historia de la humanidad, mi último novio(a) será parte de la congregación y se reirá de mí.

- Aprecia tu valentía. Siempre que hagas algo que te dé miedo, a pesar del miedo, te has vuelto mucho más poderoso y el próximo ataque de miedo probablemente no te hará rendirte.

- Recompénsate. Por ejemplo, cuando llames a esa persona con la que realmente no quieres hablar, refuerza tu logro dándote algo placentero, como un tratamiento de spa, salir a comer, comprarte un libro, dar un paseo, darte algo que te dé alegría.

- Cambia tu perspectiva sobre el miedo. Si tienes miedo como resultado de un fracaso pasado, o simplemente tienes miedo de hacer algo más, o piensas que el hecho de que has fallado antes significa que fallarás en otras cosas, no olvides que el hecho de que fallaste antes no garantiza que fallarás cada vez. Ten en cuenta que cada momento es un nuevo comienzo, una oportunidad para empezar de nuevo.

No te dejes llevar por miedos inciertos.

Capítulo 17: Confía en ti mismo.

La incertidumbre sobre uno mismo generalmente resulta en ansiedad y sobrepensar las cosas respecto a mañana. Te das cuenta de que te falta la seguridad en ti mismo para realmente manejar situaciones específicas y ser decisivo. El sobrepensar surge porque te sientes deficiente y tienes dudas sobre tus propias elecciones. En realidad, el problema con el sobrepensar es cuántos mandatos tienen tus pensamientos sobre ti. Poco a poco, comienzas a ser escéptico sobre tu capacidad para tomar decisiones acertadas y, en última instancia, pierdes confianza en tus habilidades de toma de decisiones.

Varias personas viven en la indecisión porque son reacias a hacerse cargo de sus vidas, aceptar y soportar las consecuencias de sus acciones. Saltas ante cada oportunidad de culpar a cualquier otra persona por la decisión final que tomaron en tu nombre si los acontecimientos toman un giro equivocado. No obstante, la verdad es que cualquier decisión que se tomó sobre tu vida aún regresa a ti, especialmente si actuaste en función de ella. Porque, como adulto, hay cosas en tu vida que simplemente no puedes descartar como la táctica manipuladora de alguien sobre ti. Te digo, no se sostendrá en un tribunal. ¡Eres responsable de tu propia vida! En consecuencia, es prudente aprender a tener en cuenta cada decisión, paso y acción que tomes.

En realidad, nadie puede hacerte hacer algo. No importa cuán dominante y controlador sea, tú decides si quieres seguir esa línea o no. Tus acciones o inacciones siguen siendo tu responsabilidad, sin importar de quién fue la idea.

En lugar de distribuir tus problemas para que sean decididos por otras personas, puedes tomar el control de tu vida tomando tus propias decisiones por ti mismo. Pronto, comenzarás a sentir una satisfacción y confianza en tus juicios y sus posibles resultados. Necesitas acostumbrarte a confiar en tu capacidad para manejar situaciones específicas. Nadie puede creer en ti como tú lo harás.

Si no quieres ser rehén de tu sobrepensar, entonces debes levantarte y hacer las cosas en tu vida. Solo te estarás engañando a ti mismo y perderás la oportunidad de crecimiento y desarrollo personal.

Afortunadamente para ti, todo lo que necesitas para manejar con éxito cada problema que encuentres en tu vida es confianza en tus habilidades.

Confía en que tienes la capacidad de enfrentar cualquier cosa que la vida te presente con el enfoque adecuado. En el momento en que comienzas a creer en tus habilidades, dejas de pensar en exceso y te vuelves más decisivo.

Te daré la primicia sobre qué hacer para aprender a creer en tus habilidades:

- Intenta no sobreanalizar el resultado final de tu juicio. El mundo, en general, es variable y los humanos son difíciles de predecir; por lo tanto, sería absurdo pensar que puedes estimar fácilmente las consecuencias inmediatas. Como resultado, podemos decir que la toma de decisiones es casi siempre un tiro en la oscuridad. Sin embargo, confiar en ti mismo y en tu capacidad para tomar buenas decisiones sigue siendo muy beneficioso, sabe que no puedes controlar el resultado final de tus decisiones. En pocas palabras, sobrepensar es innecesario.

- Intenta no hacer las cosas por impulso. Las personas tienden a ser impulsivas instantáneamente porque consideran que pensar en el probable resultado final es una tarea ardua. Por lo tanto, les resulta difícil pasar por el proceso de deliberación. Tomar una decisión impulsiva no es una idea terrible, de hecho, sobre la indecisión, es una idea increíble. Sin embargo, con la experiencia pasada de malos juicios, tomarse un poco de tiempo para pensar en tu decisión es sabio.

- Enfrenta tus miedos. Las personas que no tienen confianza en sí mismas suelen ser las que buscan rutas aparentemente sin complicaciones. Como resultado de esta falta de fe, sienten miedo de fracasar y, en consecuencia, toman malas decisiones. Ante la toma de decisiones, intenta elegir la opción que más miedo te dé porque ese es tu camino más probable hacia el crecimiento.

- Crea un equilibrio entre prestar atención a tu sentido de razonamiento y confiar en tu intuición. Tu mejor oportunidad de que la mayoría de tus decisiones sean acertadas es aprender a lograr un equilibrio entre la razón y los sentimientos intuitivos. Prestar atención solo al sentido y la racionalidad podría persuadirte a optar por la opción más prudente en lugar de seguir tu intuición. Incluso puedes decirte a ti mismo que necesitas esperar más información en esa área antes de tomar cualquier decisión, ¡y esto puede resultar en no tomar ninguna decisión! Por el contrario, seguir tu intuición puede llevarte a tomar decisiones imprudentes. Por lo tanto, prestar atención a tu ser completo es crucial para tomar la decisión correcta, especialmente en lo que respecta a grandes decisiones. Como dicen, "no olvides llevar tu cerebro mientras escuchas a tu corazón."

- Concéntrate más en tus buenas decisiones pasadas y en los escenarios que las rodean. Pregúntate cómo te hizo sentir tomar esa decisión durante y después de haberla tomado y qué hiciste para llegar a ese veredicto. Considera qué la hizo una buena elección en comparación con cualquier otra opción. Meditar sobre tus buenas decisiones pasadas te ayudará a construir confianza en tus habilidades para tomar decisiones, sabiendo ahora que tienes estas capacidades. Posteriormente, podrás desenterrar fácilmente el plan de acción más adecuado para tu toma de decisiones. Personalmente, he descubierto que una señal de que estoy tomando una buena decisión es cuando no me siento indeciso al tomar una decisión. Cuando confío en mi decisión es cuando me siento más organizado y sereno.

- Toma la decisión que te ofrezca el mayor número de alternativas. A todo el mundo le gustan las elecciones con muchas opciones para elegir. Sin embargo, hay elecciones que te restringen a un conjunto de opciones no diverso que solo te causará estrés más adelante. Realmente no tienes que pasar por el estrés, así que asegúrate de optar por la opción que, al final, será la elección más rentable, por difícil que sea elegir. Deja que tu anticipación de las consecuencias de tus habilidades supere ese miedo al fracaso.

- Detente por un momento cuando te enfrentes a una decisión difícil y pregúntate: "¿qué pasaría si un milagro ocurriera de la nada y toda mi vida cambiara para bien?" Esto puede aliviar la carga de los "y si" y ayudarte a ver una posibilidad de buenos resultados, por lo tanto, orientándote hacia la mejor elección.

La racionalidad nos persuade a tomarnos nuestro tiempo y obtener más información antes de considerar que estamos listos para tomar una decisión. Esto suele ser resultado de nuestra tendencia a sobrepensar las cosas y temer tomar decisiones equivocadas. Puede dejarnos en un aprieto y con una falta de voluntad para tomar cualquier acción. Debes saber que la indecisión en sí misma ya es una decisión tomada, por lo que es esencial simplemente actuar con un poco de razonamiento y un poco de valentía para equilibrarlo. En el momento en que te vuelvas más atento a esa voz interior que aparece de vez en cuando para decirte lo que realmente deseas, el sentido y la racionalidad pueden actuar de tal manera que te beneficie a largo plazo.

No tengas miedo de cometer errores porque la verdad es que muchas veces, el miedo produce los mejores resultados, especialmente cuando eliges la opción que más te asusta. Hay una alta probabilidad de tomar la decisión correcta que buscas cuando es realmente difícil. A pesar de que la vida es impredecible, debes al menos tener la suficiente dignidad para ser tu propio tomador de decisiones.

Conéctate con tus neuronas naturales, confía en tus instintos, sigue tus intuiciones.

Capítulo 18: Deja de esperar el momento perfecto.

Estás condenado a seguir dando vueltas en un ciclo melancólico de negatividad si te dejas llevar por el exceso de pensamientos. Es deprimente y sin sentido seguir anclado en los mismos pensamientos. Ni siquiera mejora, ya que el exceso de pensamientos puede influir negativamente en ti emocional y mentalmente. Lamentablemente, varias personas están atrapadas en un idealismo tal que han perdido por completo el contacto con la realidad.

Sobrepensar te da la apariencia de una necesidad de perfección, pero en realidad, solo te hace divagar en asuntos importantes.

Por ejemplo, en lugar de simplemente comenzar tu negocio, el exceso de pensamiento te llevará a pausar mientras inventas eventos irreales en tu cabeza con preguntas como, ¿y si no tengo suficientes fondos para comenzar? ¿Qué pasa si se acaba el tiempo antes de que pueda comenzar adecuadamente? ¿Y si nadie quiere ser mi cliente? Antes de que te des cuenta, comienzas a cuestionar tu preparación.

Al final del día, puede que descubras que nunca iniciaste el negocio.

Sin embargo, ¿qué tan seguros estamos de que el futuro será más brillante? ¿Dónde está la prueba? ¿Podemos realmente depender de nuestra esperanza en el futuro?

Ahora mismo, este mismo momento, esta experiencia presente es lo que es cierto, ¡nada más! La única certeza es el presente. Enfrentémoslo, la probabilidad de obtener satisfacción de un momento futuro impredecible es bastante baja, especialmente si hasta ahora, aún no has tenido un momento satisfactorio que realmente saciara tus deseos insaciables, incluso después de tu gran anticipación. Así que mucho por la prueba de un futuro más brillante.

Nos ocupamos demasiado del pasado y del futuro desconocido aún esperado. Cuando nuestra esperanza en el futuro de riqueza y afluencia nos falla, entonces nos volvemos hacia el pasado con sentimientos sobre cómo eran las cosas antes.

En nuestras mentes, es un lugar eufórico, en algún lugar con valor, un futuro más brillante, en cualquier lugar excepto donde estamos en ese momento y de alguna manera, tenemos fe en este lugar que nos hemos dicho que nos traerá satisfacción y dirección.

Sin embargo, esta utopía es solo un producto de nuestra imaginación.

En realidad, las decepciones y los contratiempos son lo que realmente sucede. Con el tiempo, a medida que la vida nos demuestra que no puede entregar nuestra dicha ilusoria de una utopía que, para ser honesto, está siendo promovida por todo tipo de medios, nos volvemos inquietos.

Cada día, nos sentimos cada vez más insatisfechos con la vida a medida que ganamos y adquirimos más, sin embargo, nuestros verdaderos deseos no se satisfacen. Pronto, comenzamos a sentirnos más melancólicos y desanimados, inquietos y aprensivos, como si hubiera una presión sobre nosotros y, posteriormente, comenzamos a actuar irracionalmente porque sentimos que el universo nos ha decepcionado. Esto no ayuda a nuestras amistades y relaciones con las personas que nos rodean. La mayoría de las veces, un hombre deprimido pierde conexión con todo lo que es real.

Es una tortura mental seguir mantenido tu vida como rehén en anticipación de un momento surrealista en el que deseas estar en cualquier lugar menos donde te encuentras en este momento o ser alguien distinto de quien eres en la actualidad. Parecemos estar atrapados en fantasías que hemos creado, todas las cuales dependen de esa única esperanza de que hay algo que podemos y debemos hacer para sentir contento en la vida.

¿Qué tal si tomamos una pausa de todo y consideramos que podemos encontrar la felicidad total y completa en el presente?

Puedo garantizar una cosa; si estás dispuesto a detenerte con la rapacidad, entonces comenzarás a darte cuenta de que el aquí y ahora es justo donde necesitas estar para finalmente sentirte satisfecho.

La verdad es que, a pesar de las pruebas que enfrentas en la vida todos los días, cada momento es precioso y así debería ser. Necesitas empezar a considerar la vida tal como es.

La vida es una efímera integral y cada segundo, cada instante no es más que un fragmento de ella. El tiempo realmente no espera a ningún hombre y la naturaleza no se preocupa por ello. Todo lo que tenemos son cadenas de espléndidos segundos y experiencias que constituyen nuestra entidad. Debes darte cuenta de que solo puedes vivir una vez, así que estos instantes compartidos no pueden ser otra cosa que meros momentos, así que vive en ellos, sé consciente de ellos.

Para aquellos que aún no están lo suficientemente inspirados para dejar de preocuparse innecesariamente sobre lo que el futuro realmente depara, ¿debo recordarles que llegará un día en que simplemente no tendrán la capacidad de preocuparse? Ya sea que lo acepten o no, la dura verdad es que la muerte probablemente los arrebatará antes de que esa ilusión que han creado tan perfectamente se materialice.

Nunca podrás recuperar esos segundos que lamentaste o evadiste. ¡Ese tiempo se ha ido para siempre! Aprecia cada instante, aprovecha el día, muéstrame amor, muestra amor a las personas que te rodean y ama la tierra, es tu planeta después de todo.

Haz un esfuerzo por encontrar satisfacción y felicidad en cada momento, especialmente en el aquí y ahora, no los dejes pasar. Cómo reacciones a este momento presente influirá enormemente en el siguiente momento y en los momentos subsiguientes. Esto tiene un efecto en cuántas oportunidades recibes en la vida y en cuánta riqueza acumulas al final.

Por lo tanto, vive el momento, ya sea que estés disfrutando o no disfrutando cada segundo, vive en cada momento en lugar de desear que algo espectacular te suceda.

Si sigues esperando a que algo específico suceda para ser feliz, puede que nunca logres llenar el vacío de insatisfacción que has cavado en tu propio corazón. Si nada nuevo ha podido satisfacearte por mucho tiempo, entonces sabes que hablo la verdad. Después de un tiempo, ese nuevo producto ya no te hace sentido, ni tampoco ese logro o nueva cita. Aún te sientes vacío e insatisfecho. Pronto te encuentras en un ciclo al establecer otro nuevo objetivo y terminas sintiéndote exactamente de la misma manera.

Necesitas comenzar a decirte a ti mismo que la satisfacción y la alegría no te están esperando en algún futuro lejano ni te han pasado por alto. Están justo al alcance de tu mano en el aquí y el ahora, en cada momento que pasa. Es hora de vivir en el momento y apreciar la belleza en cada segundo, es hora de comenzar a vivir plenamente. ¡Esto es todo! Ya está ocurriendo, ¡toma lo que es tuyo!

No hay momento más perfecto que este aquí, ahora mismo. No hay un momento absoluto. Este está sucediendo justo como debería. Vívelo ahora.

Capítulo 19: Deja de preparar tu día para el estrés y la sobrepensación.

Escapar completamente de días abrumadores y excesivamente estresantes no es posible, pero puedes reducir la cantidad de estos días al mes o anualmente, comenzando bien tu día y no preparándote para un estrés irrelevante, la agonía y el sobrepensar.

Tres puntos que ayudarán con esto son:

Empieza bien. La forma en que inicias tu día, la mayoría de las veces, establece el ritmo con el que transcurrirá tu día. Un día difícil será el resultado de una mañana estresante. Recibir malas noticias en tu camino al trabajo hará que tengas pensamientos negativos todo el día.

Mientras tanto, si lees un artículo nutritivo durante el desayuno, hacer un poco de ejercicio y luego comenzar tu día con tu tarea más importante crea un gran ambiente para tu día y asegura que estés optimista todo el día.

Realiza una sola tarea y toma descansos regulares. Esto ayuda a mantener un enfoque agudo durante todo el día y a realizar las tareas más cruciales. Y al mismo tiempo, crea espacio para la relajación y el rejuvenecimiento, para que no te agotes.

Este tipo de actitud descansada con un foco agudo te hará pensar con claridad y precisión, evitará el agotamiento y el espacio mental sobrepensado.

Minimiza tu entrada diaria. El exceso de noticias, revisar continuamente tu bandeja de entrada y cuentas de redes sociales, o el progreso de tu blog o sitio web causa un exceso de información y congestiona tu mente a medida que avanza el día.

Por lo tanto, es más difícil contemplar con facilidad y claridad, no será difícil caer de nuevo en el conocido comportamiento de sobrepensar.

Gestiona tus picos. Inmediatamente que aprendas a localizar tareas importantes, podrás planificar cómo obtener el máximo logro. Esta es la parte donde reunimos nuestra fuerza innata.

Somos bien conscientes de que una vez que el trabajo avanza de manera constante, las distracciones se disipan, nuestra concentración está en su punto máximo y nuestro trabajo nos deja asombrados; esto es perfecto. Ciertamente no podemos descuidar las tareas vitales (a veces repetitivas) que sirven como mantenimiento para nuestras empresas, pero podemos notar cuando estamos funcionando en tiempo utilizado frente a tiempo no utilizado.

Si estamos absortos y luchando con tareas cruciales en nuestras horas máximas, querrá trabajar durante más tiempo y sentirse menos cansado a medida que pase el tiempo. Reducir nuestro tiempo no utilizado también puede maximizar nuestra fuerza y motivación y ayudar a nuestra concentración en un buen pensamiento crucial en lugar de un mal pensamiento innecesario. En el momento en que haya identificado sus períodos pico, está listo para aprovechar estas horas valiosas.

Comienza bien. Realiza una sola tarea y toma descansos regulares.
Minimiza tu entrada diaria.

Capítulo 20: Aceptando Todo lo que Ocurre.

Esto se obtiene de una de las lecciones de la filosofía estoica. El enfoque de esto es que debemos aceptar lo que ocurra, que puede ser tanto malo como bueno, y creer que sucede para un bien mayor, incluso si en este momento no lo parece.

La mayoría de las veces, el exceso de pensamiento ocurre como resultado de reflexionar sobre cosas que sucedieron en el pasado. Comenzamos a imaginar cómo habrían sido las circunstancias si las cosas no hubieran ocurrido como sucedieron. La depresión a menudo ocurre a medida que continuamos repitiendo y sobreanalizando las situaciones en nuestras mentes.

Los problemas del hombre son el resultado de sus pensamientos que él mismo crea. El significado de una cosa se obtiene del significado que le das. Tu cerebro da significado a los eventos de la vida para poder entender lo que está sucediendo.

El significado que asignas a tus experiencias cambiará continuamente tus sentimientos; además, la calidad de tu vida proviene de las emociones que sientes.

El significado que asignes a una situación puede ser incorrecto si se ve a través de una lente distorsionada. Como ejemplo, la falta de confianza será la base que asignes a todas las futuras relaciones si fuiste engañado en una relación pasada. Esta es solo una cara de la imagen y no se puede clasificar como equivocada o correcta.

Tu felicidad depende de que mires hacia atrás en los eventos que han ocurrido y aceptes lo que es, dejando ir lo que no puedes controlar.

La forma en que pensamos es lo que nos impide alcanzar la felicidad, no las casas de lujo, una cuenta bancaria llena de dinero o coches elegantes. Aunque estas cosas son buenas tenerlas, tienden a desgastarse con el tiempo y se vuelven sin sentido si no puedes sentir satisfacción y paz por dentro.

Pensar en exceso no te ayuda a mejorar, ni te permite experimentar la belleza de la vida. De hecho, es seguro que comenzarás a cargar con emociones tóxicas.

Como enseñan los principios estoicos, preocuparse no tiene efecto en los eventos que ya han ocurrido, ya que no se pueden cambiar.

Acepta y cree que lo que sucedió fue para tu mayor bien en lugar de culparte por lo que había ocurrido.

Formas de Liberarse de las Heridas del Pasado

Crear espacio para la felicidad y la nueva alegría en tu vida es la única forma en que puedes aceptarlas. No hay manera de que puedas permitir que algo nuevo entre en tu corazón si ya está lleno de herida y dolor.

1. Toma la decisión de dejarlo ir. Las cosas no desaparecen por sí solas. Necesitas estar comprometido a dejarlas ir. La auto-sabotaje puede surgir, impidiéndote avanzar si no decides conscientemente dejar ir el dolor del pasado.

Necesitas ser capaz de entender que es tu elección dejarlo ir cuando decides hacerlo conscientemente. Deja de pensar en el dolor del pasado. Deja de revivir los recuerdos, concerniendo los eventos en tu cabeza, cada vez que recuerdas a la otra persona (después de haber completado el segundo paso a continuación). Esto empodera a la mayoría de las personas, ya que se dan cuenta de que tienen la capacidad de continuar sintiendo el dolor o vivir una vida libre del dolor.

2. Expresa tu dolor y responsabilidad. Da voz al dolor que sentiste por el daño, ya sea directamente a la otra persona involucrada, o a través de eliminarlo de tu sistema (escribiendo en un diario, desahogándote con un amigo, o incluso escribiéndolo en una carta que nunca entregarás a la otra persona involucrada). Asegúrate de sacarlo de tu sistema. Esto te ayudará a saber exactamente qué te causó sentirte herido.

Vivimos en un mundo de grises, aunque a veces se siente como si viviéramos en un mundo en blanco y negro. Sin embargo, la cantidad de responsabilidad por el dolor que sentiste puede no ser la misma, es posible que seas parcialmente responsable de ello. ¿Qué otra opción o paso podrías haber tomado? ¿Estabas participando activamente en tu propia vida o eras simplemente una víctima? ¿Permitirás que tu dolor defina quién eres? ¿O te convertirás en alguien más complejo y con más profundidad que eso?

3. Deja de hacerte la víctima. Aunque se siente bien ser una víctima, similar a pertenecer a un equipo ganador contra cualquier otra persona. Pero, ¿sabes qué? Al mundo simplemente no le importa, así que necesitas reflexionar de nuevo. Es cierto, eres único. Es cierto, tus sentimientos cuentan. Pero no confundas "tus sentimientos cuentan" con "tus sentimientos por encima de todo y nada más importa." Esta cosa llamada vida es un montón de cosas como compleja, desordenada e entrelazada y tus emociones son solo una parte de ello.

En todos los pasos de tu vida, tienes la opción de permitir que las acciones de otra persona te hagan sentir bien o mal. ¿Por qué permitirías que alguien que te ha herido en el pasado continúe teniendo el poder de herirte en el presente?

Los problemas en una relación no se pueden solucionar continuando con la rumiación o el sobreanálisis. Nunca. No en toda la historia de este mundo. Entonces, ¿por qué elegirás pensar y gastar mucha energía en la persona que sientes que te hirió?

4.   Enfócate en el presente — el aquí y ahora — y la alegría. Ahora es el momento de dejarlo ir. Deja de pensar en tu pasado y déjalo ir. Deja de retratar una imagen en la que eres el protagonista y siempre la víctima de las acciones hirientes de la otra persona. No puedes cambiar lo que ha sucedido en el pasado, solo puedes asegurarte de que hoy será el mejor día de tu vida.

Cuando te concentras en el presente, no tienes tiempo para pensar en el pasado. Siempre que recuerdes eventos pasados (como sucederá de vez en cuando), permítelo solo por un breve período de tiempo. Luego, llévate de vuelta al presente suavemente. La mayoría de las personas son capaces de hacer esto con la ayuda de una señal consciente, como decirse a sí mismas "está bien. Eso sucedió en el pasado y ahora me estoy concentrando en mi felicidad."

No olvides que no habrá espacio para cosas positivas si continuamos llenando nuestras vidas y cerebros con sentimientos heridos. Tendrás que elegir entre seguir sintiendo el dolor o permitir que la alegría entre en tu vida.

5.   Perdónalos a ellos y a ti mismo. Esencialmente, todos tienen derecho a nuestro perdón, aunque puede que no seamos capaces de olvidar sus malas acciones. La mayoría de las veces, no podemos superar nuestra terquedad y dolor y no somos capaces de imaginar otorgar perdón. Perdonar no significa "concurro con lo

que has hecho", sino que significa "te perdono a pesar de no estar de acuerdo con tus acciones".

El perdón no significa ser débil. De hecho, retrata "Soy una buena persona, tú también eres una buena persona, tus acciones me han causado dolor pero deseo continuar con mi vida y permitir la alegría en ella y no puedo hacer eso hasta que suelte esto."

El perdón es un método para dejar ir algo de una manera tangible. También es un medio para sentir empatía por la otra persona y intentar ponerte en el lugar de la otra persona.

¿Cómo vivirás contigo mismo en la felicidad y paz futuras, si no eres capaz de perdonarte?

La clave para disfrutar de la felicidad y detener el exceso de pensamiento es la aceptación.

Capítulo 21: Da lo Mejor de Ti y Olvida el Resto.

Es bastante típico que te sientas inadecuado para poder manejar ciertos casos cuando surge la necesidad. Es humano preocuparse por tu capacidad para realmente abordar el problema de manera adecuada. Puedes decir que no tienes suficiente dinero, o recursos, o suficiente determinación, no suficiente compromiso, no suficiente fuerza, o inteligencia para ello.

A veces, todo parece suceder al mismo tiempo y no puedes seguir el ritmo y caes en otra ronda de sobrepensar, lo que irónicamente solo hará que la situación empeore en lugar de ayudarte a gestionarla, a pesar del hecho de que incluso podrías estar preparado para ello. Sobrepensar nos agota debido a todas las expectativas que nos imponemos y la necesidad continua de perfección.

¿Alguna vez has considerado que simplemente dar lo mejor de ti es suficiente y que no tienes que preocuparte por las cosas que están fuera de tu control? Está bien ser diferente, ser peculiar. No tiene que parecerse a la vida de otra persona. Tienes derecho a tener una historia completamente diferente que contar.

Preocúpate más por ofrecer tu mejor esfuerzo en lugar de inquietarte por lo que pueda ser el resultado. Ante algunas situaciones, las cosas que están fuera de tu control pueden ser los factores determinantes del resultado final. Por esta razón, preocuparse no te servirá de nada, así que simplemente da lo mejor que tengas para ofrecer y deja que todo descanse.

Te garantizo que no tienes que hacer nada extra, tu mejor esfuerzo es lo mejor y siempre valdrá la pena de una forma u otra. Esfuérzate por dar lo mejor de ti porque, solo piénsalo, tu mejor esfuerzo es todo lo que puedes hacer respecto a ese asunto. Para algunos consejos sobre cómo seguir dando lo mejor de ti para una mejor efectividad:

- Derrama tanto amor sobre ti mismo. Amarte a ti mismo es, sinceramente, la clave de la vida misma. Desde ese profundo pozo de amor por ti mismo, la inspiración para dar lo mejor de ti sin importar qué puede surgir realmente. Te vuelves más amable, más benévolo, afectuoso, motivado, y cada otro rasgo que siempre has deseado para ti cuando comienzas a amarte a ti mismo.

- Deja de buscar fallos y de ser idealista. Es bueno establecer altos estándares para nosotros mismos hasta que empecemos a caer en la depresión porque resultan inalcanzables. Sé que dicen que apuntes a las estrellas y si caes, al menos caerás entre las nubes, pero no te dispares en la pierna por ello. Establece una meta, pon tu mejor esfuerzo, pero no te castigues porque no salga exactamente como quieres. Confía en el proceso y ten fe en el universo. ¡No, el universo no está en tu contra!

- Sé consciente de tu entorno. La mejor manera de ser lo mejor que puedes ser es estar atento y consciente de las cosas que suceden a tu alrededor. Además, ten cuidado con tus reacciones a cada ocurrencia. Considera tus próximas acciones, si es lo que deberías estar haciendo y si te beneficiará a largo plazo. Pregúntate si lo que estás haciendo en este preciso momento te ayudará a llegar a donde quieres estar en la vida. No necesitas un entrenador de vida cuando puedes responder a estas preguntas a diario.

- Sé organizado pero también fluido. Como se mencionó anteriormente, aclara tus deseos y necesidades y especifica lo que te trae alegría. La certeza ayuda a la fluidez en la vida. Asegúrate de no sobrepensar, deja que fluya.

- No olvides que la vida es un proceso. No intentes apresurarte en la vida. Llegarás a tu destino, solo aprecia el proceso, incluidas las pruebas y los triunfos. Vive en el presente y aprecia cada momento y cada aliento que tomas.

- No lo pienses demasiado. Suelta el miedo a fracasar cuando has dejado el resto. Los pensamientos negativos permanecen más tiempo y son dolorosos. Solo te harán pensar en exceso sobre eventos pasados y el futuro desconocido. Más que nada, sabes que la mayoría de las historias que teje en tu cabeza son falsas y sin fundamento. ¡Déjalas ir!

- **No estoy diciendo que será fácil despejar tu mente todo el tiempo, pero nunca dejes que la negatividad se convierta en un refugio en tu mente. Puedes elegir no reaccionar de la manera que quiere que lo hagas, dejándola moverse lentamente pero con seguridad sobre ti. Sí, puedes elegir no dejarte afectar por esos pensamientos. ¡Déjalos ir! Cuando te resulte difícil borrarlos, teje una historia factual en tu mente para reemplazar las falacias que la negatividad presenta.**

- Deja de ser tan crítico. Cuando tienes algo que decir sobre prácticamente todo lo que sucede a tu alrededor, obtienes la oportunidad no deseada de sobreanalizar y pensar en exceso las cosas.

Reduce tus opiniones y tu actitud crítica. Esto te ayuda a realmente dejar ir lo que no está en tus manos una vez que has hecho tu mejor esfuerzo. No tienes que formar una opinión sobre ese incidente que no es realmente de tu incumbencia, o sobre esa persona. Estarás gastando energía mental valiosa y solo te estarás exhaustando. Permites que tu cerebro tenga un espacio para respirar cuando ignoras la tentación de opinar o juzgar cosas triviales.

No tiene que ser difícil.

La gente tiende a pensar que si algo no es difícil o doloroso, entonces no es lo real. Todo puede ser fácil dependiendo de cómo lo veamos o cómo lo abordemos. Permite que la naturaleza te moldee y te dé forma. Sométete a los cambios y al amor. Permítete ser amado en su totalidad y recupera tu vida de las garras del miedo.

Aprende a amar. Estúdialo a fondo. Dedica tiempo a entenderlo. Deja que el amor te encuentre, te modele y te transforme en una persona que nunca ha conocido fragmentos, en alguien cuya única memoria es la de la plenitud. Esta es la razón por la que vives y respiras. Este es el núcleo de la vida; el amor. Todo lo demás es solo una adición. Cree en ti mismo y sé inquisitivo. ¡Toma el control de tu vida por completo!

No te apresures, tómate tu tiempo. Gana algunos, pierde algunos, levántate, cae, pero levántate de nuevo... y no olvides reír a carcajadas, y llorar con fuerza también. Canta, haz música con tu corazón. Armoniza con las melodías de aquellos que pueden escuchar tu canción. Sé todo esto con fe y gracia.

Hay tanto por hacer y pensar, simplemente haz lo que puedas y deja el resto.

Capítulo 22: No te presiones para manejarlo.

Sin saberlo, muchos de nosotros nos ponemos presión adicional cuando ya enfrentamos estrés a diario.

La presión excesiva, acumulada con el tiempo, la mayoría de las veces causará una detonación. Por supuesto, no detonarás realmente, pero experimentarás un colapso emocional, una pelea explosiva con alguien querido para ti, o te sentirás deprimido cuando estés bajo presión autoimpuesta o presión social.

Evita ponerte bajo presión excesiva si quieres prevenir dilemas físicos y psicológicos. Incluso si hablar es fácil, puedes decidir dejar pasar algunas situaciones. Ten en cuenta que no puedes transformarte de repente, pero, conociéndote bien, puedes aprender a intentar no ser siempre perfecto.

Saber cuándo eres la causa de una presión innecesaria es el primer paso para reducir la presión sobre ti mismo. No te castigues por este comportamiento general, más bien descubre cosas que puedes hacer para dejar de autodestruirte y convertirte en tu socio más poderoso en la eliminación del estrés.

Ahora, ¿cómo podemos encontrar y liberar puntos de presión? Te exijo que:

- Identifica tus "puntos de presión". Preguntas como, "¿Cómo me he estado presionando en diferentes aspectos de mi vida (específicamente en mi vida amorosa)?" ayudarán mucho.

- También pregunto esto: ¿Cuál es el efecto de mis puntos de presión en mis interacciones con las personas y mi vida en su conjunto?

- Ahora intenta identificar el origen de los puntos de presión. La pregunta, ¿De dónde proviene esta presión? Sé exhaustivo y, francamente, sincero contigo mismo.

Estos son algunos de los mejores métodos para maximizar tu vida y reducir el estrés autoimpuesto como resultado de pensar en exceso.

Comete errores, está bien. Incluso si a nadie le gustan los errores, es algo que frecuentemente está destinado a suceder. ¿De qué otra manera se supone que debemos aprender?

Deja de darte principios poco prácticos. Todos cometemos errores y estos errores nos moldean en las personas que somos en este momento.

No te asustes de deshonrarte o estropear las cosas. Sin errores, no sabremos las cosas que son adecuadas para nosotros y las que no lo son. Curiosamente, los errores son eventualmente positivos.

Aprovecha las oportunidades, comete errores, equívocate. Cuando finalmente superes el sobresalto, la experiencia y el conocimiento adquirido te harán sentir agradecido.

Piensa como un realista optimista en lugar de un pesimista. Muchas personas tienen miedo de pensar positivamente, lo comparan con un juego mental en el que ignoran cuestiones relevantes o indicaciones beneficiosas que la vida ofrece y terminan cometiendo errores que causarán estrés adicional.

Un método optimista que puedes utilizar es el pensamiento positivo, es una forma de pensar que te permite concentrarte en los logros que aumentan tu autoestima y te permiten dar lo mejor de ti en el futuro.

Deja de compararte con los demás. No hay otra persona como tú. Esto debería darte placer. Deja de medirte con otras personas, especialmente con respecto a estándares imprácticos. No hay otra persona como tú ni como el que te estás midiendo.

Reconoce quién eres y ¡muéstrate! El hecho de que no te parezcas a otra persona no debería hacerte sentir inferior. Medirte constantemente con los demás te obliga a concentrarte solo en lo desfavorable.

Agradece tus características especiales. Son específicas solo para ti. Agradece cómo te han tratado. Concéntrate en las cosas increíbles sobre ti. Cuando eres capaz de apreciar adecuadamente a ti mismo, ser optimista se vuelve fácil y puedes deshacerte de los pensamientos pesimistas que intentan infiltrarse en tu mente.

Una de las cosas más difíciles que podemos hacer es olvidar. Pero si puedes olvidar las cosas que te agobian, volverse optimista en la vida se logra fácilmente. Llevar a cabo estos procesos ayudará a quitar la presión y te permitirá vivir libre y ser feliz.

Darse cuenta de que nada es tan importante. ¿Es esa presentación de PowerPoint para tu jefe o preparar las invitaciones para el cumpleaños de tu primer hijo? En el gran esquema, nada es lo suficientemente relevante como para hacerte sentir agotado, molesto o triste.

Nada vale la pena perder el sueño de la noche. No te preocupes tanto que te enfermes. Más bien, inhala, exhala, y luego obtén respuestas a las preguntas planteadas anteriormente. Esto ayudará a poner las cosas en orden.

No te pongas demasiada presión. Nada debe tomarse demasiado en serio.

Capítulo 23: Diario para sacar los pensamientos de tu cabeza.

Hay varias razones por las que llevar un diario es una herramienta de gestión del pensamiento altamente recomendada. Muchos tipos de investigaciones han demostrado la efectividad de llevar un diario para la felicidad, la salud y la gestión del estrés. Es una técnica simple y agradable. Existen diferentes formas de llevar un diario, y todos tienen la oportunidad de beneficiarse de ello. El hábito de llevar un diario debería ser añadido a tu vida; puedes escribir en tu diario a diario, semanalmente, o tanto como necesites en caso de que el estrés se vuelva demasiado intenso.

Una forma en que el diario ayuda a detener el pensamiento excesivo es ayudándote a procesar tus pensamientos. Esto se debe a que el pensamiento excesivo puede causar rumiación y estrés mental si no se controla; sin embargo, algunas razones para tu pensamiento excesivo pueden reducirse a través de una pequeña evaluación enfocada. Llevar un diario puede ser una excelente manera de revisar y transformar pensamientos rumiativos y ansiosos en pensamientos orientados a la acción y empoderadores.

Cómo Empezar

Puedes salir de un área de estrés y sentirte aliviado en unos minutos siguiendo el plan a continuación. ¿Estás listo? ¡Consigue un bolígrafo o abre un documento y vamos!

Comienza escribiendo en un diario durante 5 a 15 minutos. Escribe tus pensamientos y las cosas que te están molestando:

- Escribe tus preocupaciones y continúa haciéndolo hasta que sientas que has expresado las cosas que necesitaban ser dichas sin caer en la rumiación. Podrías desear usar un diario, una computadora o incluso papel y bolígrafo. Si utilizas papel, procura dejar una línea o dos por cada línea utilizada, ya que esto será útil más adelante.

- Explica qué está ocurriendo en ese momento y los eventos que actualmente están causando dificultades. No olvides que con el sobreanálisis, no siempre es lo que está ocurriendo actualmente lo que causa estrés, sino tus preocupaciones sobre lo que puede suceder en el futuro. Si esto es así para ti, está bien; puedes dejar de lado lo que está ocurriendo en la actualidad e indicar que la única parte que es realmente estresante es lo que ocurrirá a continuación. (Esto puede, de hecho, llevar a un alivio del estrés en sí mismo).

- A continuación, escribe tus miedos y preocupaciones y ordénalos de acuerdo con el tiempo, desde los más antiguos hasta los más recientes. Esto significa que comienzas con una de las cosas que te está causando estrés en el presente y piensas en a qué puede llevar. Luego anota tus miedos sobre lo que ocurrirá después.

- Escribe su efecto en ti.

Una vez que tus pensamientos estén en orden, busca lo que puedes hacer para reducir un poco la ansiedad y el estrés interior.

Escribiendo en un diario para mejorar tu estado de ánimo

Poner tus miedos y preocupaciones en papel ayuda mucho a sacar esos pensamientos de tu cabeza y llevarlos a la superficie. Luego, lee de nuevo y reflexiona sobre lo que has escrito.

El examen de tu distorsión cognitiva te ayuda a ver el beneficio de cambiar el hábito de los patrones de pensamiento que inducen estrés.

- Una vez que hayas observado lo que te preocupa en este momento, examina tus otras opciones. ¿Es posible que haya cambios ahora mismo? ¿Hay cosas que puedes hacer para cambiar los acontecimientos o tus pensamientos sobre los problemas?

-

　Cuando escribes lo que temes que suceda a continuación, piensa lógicamente y esfuérzate por argumentar contigo mismo. Escribe cualquier cosa que surja a cuestión si realmente es una preocupación o no. ¿Qué tan posible es que esto ocurra y cómo sabes que ocurrirá? ¿Qué tan seguro estás? Si tus preocupaciones realmente suceden, ¿es posible que no sea tan negativo como esperabas? ¿Es posible que se vuelva neutral o incluso un evento positivo? ¿Es posible que puedas usar tus circunstancias para obtener un mejor resultado para ti, aprovechando las cosas que tienes a tu disposición y los posibles cambios que pueden ocurrir? ¿Qué mejor cambio puedes traer?

Ahora entiendes. Enfrentar tus miedos generalmente te ayuda a aliviar la ansiedad. Comienzas a ver que las cosas son poco probables que ocurran una vez que piensas que son malas o no tan malas como crees que pueden ser.

-

　Por cada preocupación o miedo que tengas, intenta escribir al menos una o dos maneras en que puedes verlo de una forma diferente. Crea una historia completamente nueva para ti, un nuevo conjunto de posibles acontecimientos, y ponlo en papel junto a tus miedos en los que estás pensando.

- El examen de tu distorsión cognitiva también puede ayudarte a ver el beneficio de cambiar el hábito de los patrones de pensamiento que inducen al estrés.

Puede ser muy útil procesar lo que sientes por escrito. Escríbelo, prepárate para lo peor y espera lo mejor.

Capítulo 24: Cambia de canal.

Nunca dejes que te aburra la vida, siempre manten tu mente ocupada con cualquier cosa que te interese. Participa en cualquier actividad que te emocione y que también pueda alejar tu mente de las preocupaciones. Todos enfrentamos diferentes desafíos en la vida, pero no debemos concentrarnos en ellos. Sin embargo, una mente ociosa no tiene más opción que preocuparse y pensar en exceso sobre los problemas que rodean la vida. Cuanto menos ocupado estés, más tiempo tendrás para preocuparte. Por lo tanto, es muy necesario que consigas alguna forma de distracción, algo que pueda deleitar tu mente y eliminar las ansiedades.

Observa que la mayor parte del tiempo, cuando te estás dedicando a algo que te da alegría, tu mente parece estar libre de pensamientos y solo disfrutando del momento, y en este momento puedes decir "me lo pasé bien". Cuando estás ocupado viviendo cada segundo de tu vida al hacer esto (involucrándote en cada actividad que te emociona); tiendes a olvidarte de tus preocupaciones, aliviando así tu mente del estrés.

Distráete con actividades como deportes, jardinería, ver una película, e incluso conversaciones con seres queridos. Cualquiera que sea la elección para distraerte debe ser algo que ames y que sea capaz de desviar tu atención de las ansiedades. Tu distracción también debe ser algo que se pueda hacer de manera regular. Si tienes muchas horas libres, incluso puedes considerar ofrecer servicio voluntario a niños, ancianos, e incluso animales. Ayudar a otras personas es otra forma de distraerte de tus propios problemas y concentrarte en los demás. También te ayuda a sentirte útil, en lugar de preocuparte por cosas sobre las que no tienes control.

Encontrar una distracción es como intentar sanar un corazón roto. Es una forma de ayudarte a seguir adelante con el dolor y el sufrimiento, te ayuda a reconsiderar los hechos y a apreciar más la vida. Las distracciones son como buenos amigos que constantemente nos ayudan a encontrarnos cuando estamos perdidos.

Esta habilidad (habilidad de distracción) se utiliza a menudo en el campo médico para calmar a los pacientes y distraerlos del dolor o cualquier otra forma de malestar. Esto demuestra que esta habilidad o arte es muy necesaria en todos los campos de la vida. El objetivo de distraernos es darnos la oportunidad de experimentar otras cosas por las que podemos sentirnos agradecidos. Nos abre los ojos para ver el mundo que nos rodea y apreciarlo.

Una vez que comiences a involucrarte más con la vida, sin crear ningún espacio para sentimientos de ansiedad y preocupaciones, notarás la mentalidad positiva que viene con la paz mental.

Hay listas interminables de distracciones en las que puedes participar, pero algunas se enumeran a continuación;

- El hábito de escuchar música relajante

- Consigue una mascota con la que puedas acurrucarte.

- Tomar té o disfrutar de tu mejor bocadillo

- Optar por largas caminatas

- Ejercicio

- Involúcrate en deportes

- Lee un libro

- Puedes escribir

- Quédate quieto un rato o toma una siesta

- Limpiar la casa

-

Salir de compras, reunirse con amigos o simplemente salir a pasear

- Dibujo
- Recita rimas o el abecedario

Cualquiera que sea tu actividad, simplemente consigue un pasatiempo.
Distráete para salir de la rutina.

Capítulo 25: Tómate un descanso.

Puedes ser arrastrado por problemas cuando simplemente estás tratando de concentrarte en el trabajo presente o solo quieres divertirte.

Cuando experimentes una situación que está fuera de tu control, buscar una actividad positiva en la que participar es una opción saludable. Busca una distracción, algo que te brinde placer o consuelo, o que te haga sentir mejor.

Relajarse en la naturaleza es refrescante, calmante y un gran alivio del estrés y la preocupación. Cada vez que te sientas abrumado por pensamientos desbordantes en tu mente, sal a dar un paseo por la playa, junto al río o en el parque.

El objetivo es conectarte contigo mismo. Concéntrate en los sonidos, las vistas y los olores de tu entorno. Tomar un descanso alejará tu mente de tus preocupaciones, te tranquilizará y te reconfortará.

Pausa para Resultados

Crear tiempo para pausas físicamente y mentalmente refrescantes es fácil. Busca una actividad que disfrutes. Selecciona de estas opciones para probar durante tu próxima pausa.

Estiramiento. Si eres como muchas personas que se sientan frente a una computadora o en un escritorio durante mucho tiempo, levántate de tu silla al menos una vez cada hora para moverte y estirar las piernas y los brazos. Además, apartar regularmente la vista de la pantalla hace que tus ojos se cansen menos.

Caminar. Los movimientos al caminar aceleran la circulación, lo que te hace más activo y reduce la tensión en tus músculos. Además, un cambio de entorno podría proporcionarte una nueva solución o perspectiva a un problema persistente.

Respiración. Inhalar despacio, respiraciones profundas a través de la nariz y exhalar por la boca es una forma de ejercicio para controlar la respiración. Este es un gran método para refrescar tu mente, aliviar la tensión y mejorar la alerta. Puedes practicar estos ejercicios de respiración acostado o sentado en una silla. Para obtener resultados efectivos, intenta hacer hasta 8 repeticiones dos o tres veces al día.

Ejercicio. Siempre que puedas, haz ese paseo en bicicleta o esa caminata de 20 minutos. Períodos cortos de ejercicio aumentan tu frecuencia cardíaca y mejoran la circulación, te hacen sentir más alerta, mantienen tu peso bajo control, mejoran tu apetito y te hacen sentir menos cansado.

Visualización. Una estrategia para obtener los efectos positivos de un entorno sereno cuando no puedes estar presente allí, en realidad, es a través de la Visualización. Por ejemplo, si estás teniendo un día difícil en el trabajo, puedes acostarte o sentarte en una silla durante algunos minutos e imaginarte en un lugar de vacaciones favorito o sentado en una reconfortante bañera de hidromasaje que está haciendo que todo el estrés se disuelva. Visualiza tantos detalles emocionantes como puedas: olores, sonidos y vistas. Esto transmite impulsos a tu cerebro, diciéndole que se desacelere.

Lee un libro. Un poco de distracción es todo lo que se necesita para escapar del confinamiento. Olvídate de Internet y lee un libro. Sumérgete en una historia romántica o lee algo que te lleve a un lugar y tiempo diferentes. Si es imposible alejar tus preocupaciones, aléjate de ellas.

Ayuda a otra persona. Deja de ser egoísta. Piensa en otras personas. Conviértete en voluntario local, dona a una buena causa, haz sándwiches para las personas sin hogar en tu área. La forma más fácil de dejar de pensar en ti mismo es pensar en otra persona.

Muchas de esas cosas que nos agobian y nos quitan el sueño pueden solucionarse con algunas horas de disfrute, placer o distracción, en lugar de otro día estresante lleno de preocupación y ansiedad.

Al adoptar estas estrategias, sigue las indicaciones de tu cuerpo y no permitas que una rutina estricta dicte tus descansos. Cuando tus descansos se convierten en un deber más en tu lista de tareas, será difícil obtener los beneficios que deseas. Así que, tómate ese descanso cuando más lo necesites.

Tu estado de ánimo, junto con tu perspectiva, mejorará. Todo, incluidos los desafíos imposibles en la vida, parece más fácil cuando te tomas un descanso de todo el estrés. Un poco de espacio para respirar puede preservar tu perspectiva y ayudarte a explorar otras opciones para un cambio positivo.

Consolida todos tus problemas en lugar de dejarlos interrumpir tu vida diaria.

Capítulo 26: Hacer ejercicio.

Tu salud, así como tus actividades diarias, pueden verse negativamente afectadas por el exceso de pensamiento. Como ya sabes, el proceso de pensar en exceso es tedioso, ocupa una mayor parte de tu tiempo y te impide participar en actividades provechosas.

Tienes la tendencia a considerar cada situación como demasiado compleja y tu mente se estresa por el sobreanálisis. Por lo tanto, es muy difícil desplegar tus habilidades de resolución de problemas y analíticas. La mayoría de las veces, te sientes molesto y decepcionado contigo mismo. Con el tiempo, esto resulta en ansiedad y depresión. Las pequeñas cosas comienzan a aterrorizart o a irritarte, incluso podrías llorar. Además, hay una aceleración en el proceso de envejecimiento, hay un cambio en tu patrón de sueño y podrías experimentar un trastorno alimentario.

No solo hacer ejercicio ayuda a limitar el exceso de pensamiento, sino que también reduce el estrés interno y la ansiedad.

Como sabemos, no hay manera de que puedas apagar tu cerebro si no quieres pensar. El proceso es difícil, pero es inofensivo intentarlo y también puedes mejorar la calidad de tu vida mientras lo haces.

Necesitas una gran cantidad de concentración mental para participar en un entrenamiento intenso, esto implica que toda tu concentración estará en el ejercicio, en lugar de las varias imaginaciones que corren por tu mente.

Además, se liberan endorfinas en tu cerebro cuando haces ejercicio, lo que conduce a una sensación general de bienestar y positividad. Esto reduce el riesgo de pensar en pensamientos perturbadores o negativos.

Cómo el ejercicio promueve el bienestar positivo

Las personas que se sienten mentalmente saludables también pueden mejorar su salud al hacer ejercicio. Se ha descubierto que participar en actividad física estimula un sueño de calidad, mejora los estados de ánimo y aumenta los niveles de energía.

Los beneficios de la actividad física para la salud mental son numerosos, incluyen:

Las hormonas del estrés se reducen al ejercitarse. Las hormonas del estrés, como el cortisol, se reducen cuando haces ejercicio. Las endorfinas, tu hormona de la positividad, también se liberan cuando haces ejercicio y esto ayuda a mejorar tu estado de ánimo.

La actividad física desvía tu atención de emociones y pensamientos negativos. La actividad física te distrae de tu problema, canaliza tu mente hacia tu actividad presente o te mueve a un estado de calma.

El ejercicio aumenta la confianza. Hacer ejercicio ayuda a tonificar los músculos, perder peso y lograr una sonrisa saludable y radiante. Podrías experimentar una ligera pero significativa mejora en tu estado de ánimo, tu ropa te queda mejor y emanas un aura de confianza renovada.

El ejercicio puede ser una excelente fuente de apoyo social. Hay beneficios comprobados del apoyo social y muchas actividades físicas también pueden ser consideradas actividades sociales. Por lo tanto, no importa si juegas softbol en una liga o te conviertes en miembro de una clase de ejercicios, el entrenamiento en grupo puede ofrecer los beneficios adicionales de aliviar el estrés.

La mejora de la salud física equivale a la mejora de la salud mental. Aunque el estrés resulta en enfermedad, la enfermedad también puede resultar en estrés. Mejorar tu bienestar general y longevidad mediante el ejercicio puede prevenir mucho estrés a corto plazo, al aumentar tu inmunidad a la gripe, resfriados y otras enfermedades menores. Y a largo plazo, al mejorar tu salud durante mucho tiempo, ayudándote a sacar el mejor provecho de la vida.

El ejercicio te protege del estrés. Puede haber un vínculo entre la actividad física y una reducción de la respuesta fisiológica al estrés. En términos más simples, el estrés tiene un efecto reducido en las personas que hacen ejercicio activamente. Además de otros beneficios, el ejercicio podría hacerte inmune al estrés potencial y puede ayudarte a manejar el estrés presente.

Tipos de ejercicios para superar el pensamiento excesivo

Estos tres ejercicios te ayudarán a vencer la práctica de sobreanalizar y pensar en exceso. Mantente en este increíble patrón y transforma tu vida.

Experimenta con el yoga. Una excelente manera de reducir la presión sobre tu cerebro y aliviar el estrés es practicando yoga. El yoga ayuda a canalizar tu atención y concentración de cosas insignificantes a tu respiración y cuerpo al entrar en un estado de meditación.

Experimenta con la Postura Fácil en Yoga. Contrario a lo que implica el nombre, no es fácil. Te sientas con los huesos de la cadera aplastados contra el suelo y extiendes tu columna vertebral. Relaja los hombros y afloja tu rostro a un estado de tranquilidad. Deja caer los brazos sobre las rodillas y toma respiraciones profundas durante al menos un minuto. Esto eliminará toda tu preocupación y estrés mental.

'Rodillas al Pecho' es otro gran ejercicio. Lo único que se requiere es acostarse de espaldas y abrazar las rodillas cerca del pecho. Haga un movimiento de balanceo hacia los lados y tome respiraciones profundas durante un mínimo de 40 segundos.

Ejercicios cardiovasculares de rutina. Este es un gran método de relajación. Las endorfinas son analgésicos naturales que se liberan durante períodos prolongados de aumento de la frecuencia cardíaca. No solo el ejercicio regular disminuye el nivel de estrés en tu cuerpo, sino que también puede ayudar con la pérdida de peso, aumentando tu confianza. Si eres principiante, prueba estos ejercicios relativamente simples.

Comienza dando un paseo por las colinas. Puedes incluir pesas para los tobillos o usar muñequeras o mancuernas para aumentar tu ritmo cardíaco. De lo contrario, usa una cinta de correr; enciende tu elección de música preferida para evitar que tu cerebro se distraiga con cosas insignificantes. Andar en bicicleta es otra excelente opción si no disfrutas caminar.

Usar las escaleras es otra opción. Corre o camina por las escaleras, de dos en dos durante unos 10-15 segundos, de lo contrario, experimenta con el Stairmaster en el gimnasio.

Participa en la relajación muscular progresiva. Este es un proceso de dos etapas. En primer lugar, contraes y luego relajas varios músculos de tu cuerpo. Esto ayuda a neutralizar el estrés y los músculos tensos en tu cuerpo. Un cuerpo relajado equivale a una mente relajada. Recuerda preguntar a tu doctor sobre cualquier historial de dolor de espalda o muscular antes de hacer esto para que puedas evitar la exacerbación de una lesión subyacente.

Puedes comenzar con el pie derecho. Aprieta fuertemente durante 10 segundos, luego permite que se relaje. Haz lo mismo con el pie izquierdo y asciende de la misma manera. Recuerda respirar profunda y lentamente durante todo el proceso.

El estrés se reduce al participar en actividad física rutinaria.

Capítulo 27: Consigue un pasatiempo.

Hacer algo que amamos nos da felicidad y mejora nuestras vidas. Este es un buen método para dejar el hábito de sobrepensar. Ten un escape artístico constante que ames. Cualquier cosa productiva como la programación, el diseño gráfico, la música, el dibujo y la pintura, estar involucrado en un deporte, entre otros.

El mayor método para comenzar otro pasatiempo es intentar algo diferente. Hay actividades increíbles y divertidas en todo el mundo en las que podemos profundizar y convertir en nuestras. Proporciona algo interesante que hacer mientras estamos libres y da la libertad de adquirir habilidades adicionales. Tu pasatiempo puede ser jugar videojuegos.

Todos somos específicos y diferentes, por lo tanto, nuestros pasatiempos y pasiones difieren. Y en cuanto encontramos un pasatiempo que amamos y que realmente nos interesa, nos quedamos pegados a él. Se desarrolla en un aspecto integral de nuestras vidas y nos fascina personalmente. Si tus pensamientos se vuelven abrumadores, realiza tu pasatiempo y sumérgete en él. Mantente en ello hasta que te sientas revitalizado.

Hay numerosas razones por las que todos deberíamos adoptar un pasatiempo, pero estos son algunos beneficios principales:

- Te hace más interesante. Tener pasatiempos te abre a encuentros diversos, así que tendrás muchas historias que contar. Son especialistas en ese área, así que pueden dar charlas a cualquiera que tenga curiosidad sobre sus temas.

- Ayuda a aliviar el estrés al mantenerte ocupado en algo que disfrutas. Los pasatiempos son salidas para escapar del estrés de la vida diaria. Te permiten descansar y encontrar alegría en actividades que no están relacionadas con el trabajo o con otras obligaciones.

- Los pasatiempos te ayudan a volverte más paciente. Para adquirir un nuevo pasatiempo, tienes que estar tranquilo para aprender a hacer algo que nunca has hecho antes. Es probable que haya un período de aprendizaje y se requerirá paciencia para perfeccionar tus habilidades.

- Tener un pasatiempo puede ayudar a tu vida social y crear un vínculo con los demás. Un pasatiempo es una actividad de la que disfrutas constantemente con otros. Si eres parte de un club, participas en una liga, o simplemente ayudas a otros con el resultado de tu trabajo, un pasatiempo es una excelente manera de conocer y conectar con personas que son apasionadas por las mismas cosas que te apasionan a ti.

- Te ayuda a desarrollar nuevas habilidades: Dedicar y ofrecer tu tiempo a un pasatiempo conduce a que desarrolles nuevas habilidades. Sigues mejorando en un pasatiempo a medida que aumenta el tiempo que le dedicas.

- Ayuda a prevenir malos hábitos y el desperdicio de tiempo: El dicho "las manos ociosas son el taller del diablo" nunca pasa de moda. Tener buenos pasatiempos para hacer durante tu tiempo libre asegura que no gastes ese tiempo libre en actividades negativas o desperdiciadas.

- Aumenta tu confianza y autoestima: Las probabilidades son que disfrutar de una actividad generalmente garantiza que serás bueno en ella. Destacarse en cualquier actividad te ayuda a desarrollar orgullo en tus logros y a aumentar tu confianza.

- Aumenta tu conocimiento: Desarrollar tu hobby no solo garantiza adquirir nuevas habilidades, sino que también asegura que obtengas nuevos conocimientos.

- Te desafía: Al participar en un nuevo pasatiempo, comienzas a involucrarte en actividades que son nuevas y desafiantes. Si no es un desafío para ti, tu pasatiempo será menos placentero y es posible que no lo encuentres interesante.

- Los pasatiempos ayudan a reducir o erradicar el aburrimiento: Los pasatiempos aseguran que tengas algo que hacer en tu tiempo libre. También aseguran que tengas algo por lo que emocionarte y algo que esperar.

- Enriquece tu vida y te da una perspectiva diferente sobre las cosas: Es cierto que tendrás acceso a nuevas ideas sin importar el pasatiempo que elijas. Los pasatiempos también te ayudan a crecer de varias maneras, incluyendo darte nuevas formas de ver la vida y ofrecerte nuevas opiniones.

Tu enfoque se desplaza de la sobre reflexión hacia la actividad presente cuando te involucras en tu

pasatiempo. Esto ayuda a mostrar tu creatividad y mejora tu coordinación y función cognitiva.

Capítulo 28: No seas demasiado duro contigo mismo.

A menudo, piensas en exceso como resultado de ser muy duro contigo mismo. Tu deseo de fortuna es tanto que te revuelcas en la angustia si tus planes no salen como esperabas. Aún estás enojado contigo mismo por tu reciente fracaso.

Dado que todos deseamos un mejor mañana, tendemos a preocuparnos y pensar demasiado en cómo será nuestro mañana. Te preocupas por perder tu empleo, por la quiebra de tu empresa, por la inminencia de un divorcio y muchas otras cosas.

¡Deténlo! Porque estar molesto no cambiará nada.

En un sentido real, arruina tu momento presente. Acepta el hecho de que no puedes hacer nada sobre tu mañana y deja de preocuparte por ello.

Si a menudo eres demasiado duro contigo mismo, eliminar tu comportamiento de pensar en exceso se convierte en un problema. En realidad, la vida nunca sale como estaba planeada.

A veces, las cosas no saldrán bien y no hay nada de malo en eso. Prepárate para dejar ir la culpa cuando las cosas no salgan como se planeó. A menudo, no eres la causa.

¿Por qué preocuparse por una situación sobre la que no puedes hacer nada?

Inmediatamente, cuando dejes de ser duro contigo mismo, el fracaso no te provocará miedo, lo que llevará a pensar menos en exceso.

Reconoce que tu mañana sucederá tal como estaba destinado y dirige tu fuerza hacia actividades que te brinden placer y satisfacción.

Cómo dejar de ser tan duro contigo mismo

Es crucial ser tolerante y apreciarte a ti mismo para dejar de ser duro contigo mismo. En lugar de desperdiciar tiempo en auto-culpas, enséñate a hacer la vida mejor para ti.

- Ten expectativas realistas. Eres solo humano, así que entiende que no hay nada de malo en cometer errores. No hay persona perfecta y la vida no es perfecta. Cometer errores te ayudará a adquirir conocimientos y desarrollarte, y cómo quieres que sea la vida no es a menudo lo que obtienes. Acepta el rumbo de tu vida, dedícate a adquirir conocimiento y a mejorar como persona. Concéntrate solo en cosas que realmente puedes influir.
-

- Busca las lecciones en todo. En lugar de castigarte cuando cometes un error, acepta lo incorrecto y busca la moraleja en ello. Está bien ser criticado, pero asegúrate de que los críticos sean útiles y tengan importancia relativa. Tener baja autoestima está estrechamente relacionado con ser demasiado duro contigo mismo. Determínate a no ser duro contigo mismo. Pregúntate qué puedes hacer mejor en el futuro basándote en lo que aprendiste. Ve estos encuentros como una oportunidad para avanzar.

- Desafía a tu crítico interno negativo. Las cosas que dices y piensas son importantes y ser pesimista deformará tu existencia. Cuestionarte repetidamente no te aportará nada. Deja de vivir en tus errores. Este es un mal uso de la fuerza, no es útil y te mantiene estancado. Lucha contra el pesimismo y concéntrate en el progreso.

- Enfócate en lo positivo. Hay "bondad" en todas partes, pero probablemente no la notarás si eres duro contigo mismo. Busca intencionadamente lo positivo. Cuestiona lo que hiciste correctamente, lo que aprecias de ti y de tu existencia. Tener un diario y escribirlo es útil.

- Poner las cosas en perspectiva. ¿Son los errores que cometiste y tu vida tan trágicos como imaginas? ¿En unos 10 años, será aún importante? Puedes hablar de ello con una persona de confianza.

- Usa afirmaciones. Por ejemplo "puede que no sea el mejor, pero estoy obteniendo conocimiento y progresando" o "lo que hice entonces fue lo mejor que supe hacer."

- Trátate a ti mismo como a un mejor amigo. Acepta tu persona como alguien con defectos, trátate con ternura y báñate en amor. Permítete hacer cosas nuevas, cometer errores, resolver problemas y avanzar. Valórate y conoce tu valor completo.

El progreso se detiene cuando eres demasiado duro contigo mismo. Pero puedes dejar de ser duro contigo mismo. Requiere determinación y fuerza, pero vale la pena. Si tienes algún problema o crees que siempre estás estancado, no dudes en pedir ayuda. Deja de ser duro contigo mismo, cultiva la confianza en ti mismo y construye el tipo de vida que deseas.

No tienes que estar a cargo. Acepta que no puedes hacer nada respecto al mañana y que no tienes poder sobre todo.

Deja de ser un idealista

Capítulo 29: Duerme Mucho y de Buena Calidad.

Al mantener una actitud beneficiosa y no dejarse llevar por una mentalidad adversa, el sueño es un factor mayormente olvidado. Cuando no duermes lo suficiente, eres propenso a sentirte molesto y tener pensamientos negativos, no meditas con la claridad habitual y te dejas llevar por los diversos pensamientos que giran en tu mente mientras piensas en exceso.

Para adquirir y retener conocimiento, ser innovador, se requiere un cerebro brillante y atento. Por el contrario, se cometen más errores y hay una reducción en la creatividad en nuestras actividades cuando no se duerme lo suficiente.

Un sueño adecuado asegura que tengamos el estado mental correcto para obtener información en nuestras actividades diarias. Además, se requiere un sueño adecuado para refinar y memorizar esa información a lo largo del tiempo. El sueño causa alteraciones en el cerebro que consolidan la red de refuerzo del pensamiento entre las células cerebrales y envían información a través de los hemisferios del cerebro.

Beneficios de Dormir

- Agudiza tu atención. Habrás observado que es difícil concentrarse en las cosas cuando tienes demasiados pensamientos girando en tu cabeza. Es difícil aprender muchas cosas nuevas cuando piensas en exceso. Si estás adecuadamente relajado, tendrás más claridad y un enfoque agudo.

- El sueño mejora tu salud mental. Ve a la cama a tiempo para tu salud intelectual. Dormir reduce los signos de depresión. La falta de sueño puede causar ansiedad y aumentar el estrés. Cuando estás demasiado tenso para dormir, puedes levantarte de la cama, intentar meditar o escribir en un diario para ayudar a preparar tu mente para el sueño.

- Mejora tu memoria. Hacer una memoria tiene tres fases. La fase uno es la adquisición, aquí es donde traes hechos a tu mente. La fase dos es la consolidación; aquí, la información se solidifica. Por último, el recuerdo - y es exactamente lo que piensas, podemos volver a la información guardada. Las fases uno y tres ocurren durante nuestras horas de vigilia y la fase dos ocurre durante nuestras horas de sueño. Durante el sueño, el cerebro consolida y organiza nuestros pensamientos, esto ayuda a recordar el conocimiento adquirido previamente.

- Reduce tu estrés. Cuando no duermes lo suficiente, ¿has observado cómo las cosas insignificantes te preocupan? Pensar demasiado te hace estar malhumorado y tener reacciones adversas a inconvenientes e interferencias triviales. Dormir ayuda a disminuir el estrés.

- Ayuda en la toma de decisiones. Tu sueño afecta tus decisiones. Tener un tiempo de pensamiento inerte, como el sueño, ayuda a una buena toma de decisiones. ¿Conoces a alguien que quiera tomar una decisión que cambie su vida estando cansado?

- Te ayuda a concentrarte en tus tareas. Si no estás durmiendo bien por ti mismo, duerme bien por tus responsabilidades. La investigación nos dice que dormir te ayudará a mantenerte consciente y atento durante todo el día, permitiendo que tu horario funcione más de lo que lo haría si no durmieras. Las siestas cortas también pueden agudizar tu concentración. Adquirir conocimientos y habilidades tácticas se mejora con el sueño.

- El sueño limpia físicamente tu mente. Así como limpias la basura en tu hogar, deja que el sueño saque la basura de tu cabeza. Las toxinas que se acumulan durante un período de tiempo son eliminadas por el cerebro cuando duermes. Probablemente por eso te sientes muy bien cuando te levantas de un gran sueño.

Cómo sacar el máximo provecho de tu sueño

- Aprende cuánto tiempo tardas en quedarte dormido. Si deseas dormir durante un período de tiempo determinado, en realidad tienes que considerar la cantidad de tiempo que utilizas para quedarte dormido. Una aplicación móvil de seguimiento del sueño puede ayudar con esto. Una vez que hayas estimado esto, considéralo al pensar en tu tiempo de sueño.

- Mantenlo fresco. Entrar en un dormitorio acogedor está bien al principio. Sin embargo, me di cuenta de que duermo más cómodamente, en paz y con menos pesadillas en una habitación fría.

- Mantén los tapones para los oídos cerca. Si eres como yo, te despiertas con el más mínimo ruido, entonces los tapones para los oídos convencionales son lo mejor. Estos materiales de bajo costo han ayudado a mi buen descanso nocturno y me han ayudado a dormir, incluso si hay gatos ruidosos, roncadores y cualquier otra interrupción.

- No intentes forzarte a dormir. No te metas en la cama y te obligues a dormir, cuando no sientes sueño. Por experiencia, hacer esto lleva a dar vueltas en la cama durante más de una hora. Lo mejor que se puede hacer en una situación como esta es relajarse durante unos 20-30 minutos en el sofá, leyendo o haciendo cualquier cosa que te parezca adecuada. Hacer esto hace que me duerma mucho más rápido y eventualmente obtenga un sueño adecuado.

-

No duermas demasiado. Lo que inicialmente me hizo odiar las siestas fue dormir durante el tiempo incorrecto. Lo que está mal en esto es que puede hacerte experimentar pereza de sueño: la sensación de aturdimiento y de estar más débil de lo que estabas antes de dormir.

Como el flujo sanguíneo y la temperatura del cerebro son más bajos durante el sueño, despertarse inesperadamente y un aumento en el nivel de función cerebral es inquietante.

Dormir más de 90 minutos no es útil porque comenzarás otro ciclo de sueño. Además, dormir la siesta al final del día consistirá en un exceso de sueño de ondas lentas.

Restringe tu botón de repetición a 15 minutos. 30 minutos pueden causar inercia del sueño, o el enlentecimiento de la corteza prefrontal del cerebro que se encarga del juicio. Reiniciar esto toma aproximadamente 30 minutos.

El acuerdo general común a todos los estudios que investigué es optar por una siesta corta de 15 a 20 minutos, posiblemente bebiendo un poco de café de antemano, para levantarse con más energía (pero me asombrará si puedes lograrlo), o dormir durante un ciclo completo de sueño de 90 minutos y estar despierto antes del inicio del siguiente ciclo.

- Elige el momento adecuado del día. Dormitar cuando tus niveles de energía están habitualmente bajos puede ayudar a prevenir la sensación de la temida hora interminable cuando el día avanza lentamente mientras luchas contra tu somnolencia. Para aquellos que trabajan en el habitual horario de 9 a 5, este tiempo es normalmente después del almuerzo: debido al ciclo innato de nuestro ritmo circadiano, estamos cansados dos veces en 24 horas. La mitad de la noche es uno de los picos de somnolencia y el otro, aproximadamente 12 horas después, está justo a media tarde.

Si no dormiste lo suficiente la noche anterior, la caída en tus pensamientos se sentirá con más fuerza, así que querrás dormir una siesta más. En lugar de luchar contra este sentimiento con café y bebidas energéticas, puedes dormir una siesta corta para refrescar tu mente antes de enfrentar la tarde.

- Práctica. Para mejorar las siestas, la práctica es importante. Encontrar lo que es específico para ti puede llevar tiempo, así que sigue intentando a diferentes horas del día, diferentes duraciones de siesta y diferentes métodos de despertar.

Asegúrate de que tu entorno para dormir tenga poca luz. Ten a mano una manta para mantenerte caliente mientras duermes.

Duerme con una calidad adecuada. Manténlo fresco. Ten los tapones para los oídos cerca. No te fuerces a dormir.

Conclusión.

Necesitas entrenarte para dejar de pensar en exceso y hacer un esfuerzo consciente para practicar esto a diario para que se convierta en un hábito. Controlar tus sentimientos y pensamientos requiere una práctica seria y compromiso.

Por sí solos, tus pensamientos pueden vagar aleatoriamente de una idea a otra, pueden recorrer el camino de la memoria, perseguir pensamientos salvajes o agitar ideas amargas o resentimiento y rabia. Alternativamente, tu mente puede sumergirse en un mar de ensueños y un mundo de fantasía; si no se tiene cuidado, tu vida puede ser controlada por tales pensamientos aleatorios de manera que cada decisión o acción que tomes se vuelva impredecible. Tales pensamientos intrusivos que podrías experimentar durante el día son evidencia de que la mayoría de las funciones de la mente están más allá del control consciente. Además, nuestros pensamientos pueden sentirse tan poderosos y reales que pueden afectar la forma en que percibimos el mundo exterior.

Tómate un momento para desechar la suposición de que tus pensamientos espontáneos son insignificantes y totalmente inofensivos. En verdad, tales pensamientos pueden ser insignificantes en ese momento, pueden ser el producto de recuerdos o emociones pasadas, pero en el momento presente, pueden no reflejar la realidad.

La mayoría de nuestros pensamientos están bajo el control de nuestra mente subconsciente y nuestra mente subconsciente nunca nos otorgará el control total sobre nuestros pensamientos. Sin embargo, aún tienes la capacidad de controlar algunos de tus pensamientos. Además, puedes cambiar algunos de tus hábitos y la forma en que reaccionas a ellos para ganar más control sobre tus emociones.

A medida que has pasado por este libro, has encontrado una selección variada de ideas y herramientas que pueden ayudarte a despejar tu mente para que puedas silenciar todas las voces negativas en tu cabeza, reducir el estrés y tener más tranquilidad.

Hacer esfuerzos conscientes para evitar la sobrepensación es un curso de acción gratificante que impactará significativamente la calidad de tu vida. Al pasar menos tiempo atravesando pensamientos intrusivos y negativos "en tu mente", tendrás más tiempo para disfrutar del momento presente y de cada otro momento.

www.ingramcontent.com/pod-product-compliance
Lightning Source LLC
Chambersburg PA
CBHW070803040426
42333CB00061B/2191